# みんなでチェック！
# 危険な製造現場のイラスト事例集

労働新聞社

# はじめに

　「みんなでチェック！危険な製造現場のイラスト事例集」は、製造現場における危険感受性を高めるための、イラストを用いたケーススタディ集です。2020年に刊行した「みんなでチェック！危険な建設現場のイラスト事例集」の製造業版として、主に製造現場にて職務に従事されている方々に向けた内容となっております。

　製造現場に内在する危険は、自らを危険だと主張することなく、ひっそりと各所に身をひそめています。そのような危険を危険と感じ取ることができなければ、それはふとしたきっかけで災害や事故につながりかねません。

　しかし、日々危険を察知する力を磨き、対策を講じていけば、少しずつでも災害や事故の減少は望めます。

　本書はそのための、現実における危険ポイントが詰まった仮想事例集となっており、読み込むことで危険に気付く力が向上します。収載されているのは製造現場の様々な作業場面を題材とした32事例です。

　一般社団法人日本労働安全衛生コンサルタント会東京支部のメンバーの方にご監修いただいた、弊社定期刊行物「安全スタッフ」の連載「どこに危険が？何が不安全？」および「どんな災害が起こる？」掲載回のうち、主に製造業における事例を扱った回をまとめました。

　なお、各事例ページはチェック用イラストとその解説が1セットになった形で収載されており、書籍から切り離して使用することも可能です。

　チェック用イラストページは複数人または一人でそこに潜む危険ポイントを探す際に、解説ページは危険ポイントとその対策についての一例をご参照いただく際に活用していただければ幸いです。

　本書が製造業に携わる皆様方の安全に貢献することを願っております。

2021年1月

労働新聞社

# 目　次

## その他

## ○本書の見方

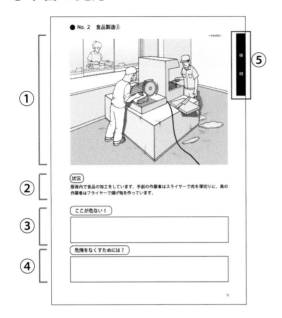

① 題材となる作業場面です。イラスト内には様々な危険が潜んでいます。

② 作業場面が具体的にどんな状況なのかを説明しています。

③ イラストを見て、どんな危険が発生する可能性があるか考えて書き出してみましょう。

④ 危険なポイントを発見したら、それをなくすためには何をすればいいか、対策を考えて書き出してみましょう。

⑤ 分類名を表示しています。関心のある項目を探す際、ご参照ください。

⑥ どんな危険が発生する可能性があるかを端的に示しています。詳しくは「具体的にどうなる?」をご確認ください。

⑦ 「ここが危ない」で述べた危険なポイントについて、より具体的に説明しています。

⑧ 危険をなくすための対策について具体的に説明しています。

⑨ 解説内容に関係している法令や参考として知っておきたい情報などについて記載しております。

## ○注意

・本書にて述べた事例の状況、危険なポイント、対策はあくまでも一例です。ある状況において必ずその危険が起こり、必ずその対策が求められると断定するものではありません。

・本書掲載事例においては、編集の都合上および弊社定期刊行物「安全スタッフ」の過去連載回を基にしている関係上、新型コロナウイルスに関する事柄は含まれておりません。

## ○法令略称

| | | | | | |
|---|---|---|---|---|---|
| 安衛法 | ⇒ | 労働安全衛生法 | 酸欠則 | ⇒ | 酸素欠乏症等防止規則 |
| 安衛令 | ⇒ | 労働安全衛生法施行令 | 石綿則 | ⇒ | 石綿障害予防規則 |
| 安衛則 | ⇒ | 労働安全衛生規則 | 粉じん則 | ⇒ | 粉じん障害防止規則 |
| 道交法 | ⇒ | 道路交通法 | 事務所則 | ⇒ | 事務所衛生基準規則 |
| 有機則 | ⇒ | 有機溶剤中毒予防規則 | クレーン則 | ⇒ | クレーン等安全規則 |

機

械

状況

調理場でミートチョッパーを使っていたところ、突然機械が止まってしまいました。
食材が詰まってしまったと考えた作業者が投入口に手を入れようとしています。

ここが危ない！

危険をなくすためには？

ここが危ない！

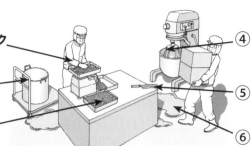

① 掻き混ぜる際に指先がスクリューに巻き込まれる

② 高温の鍋と接触して転倒および火傷する

③ 放置した食材がむき出しのまま

④ 作業者は前方が見えず転倒時、思わずボウルに腕を伸ばして巻き込まれる

⑤ 包丁が落下して足を切る

⑥ 水たまりで滑って転倒

## 具体的にどうなる？

① 作業者が腕をホッパー内に差し入れようとしているが、食材をむやみやたらに掻き混ぜるとホッパー底部のスクリューフィーダが回転し始めた場合、指先を巻き込まれる危険がある。

② 手押し台車の上の寸銅鍋に近くの作業者が接触して鍋もろとも転倒する。鍋の中の液体が高温であれば、作業者は火傷する。

③ ミンチを入れたバットが調理台の上に置かれたまま放置されていて、場内空気の浮遊物による汚染の危険がある。

④ ミキサーの回転翼の周囲に安全カバーがなく、ミキサーの前で滑って転倒した作業者が、体を支えようとしてミキサーボウルに腕を伸ばした瞬間に、回転翼に接触して巻き込まれる。

⑤ 調理台の上の包丁が、付近を通る作業者の体に触れて床に転落し、作業者の足を切る。

⑥ 足元が見えない状態で2個の荷物を抱えた作業者が、床面の水溜まりで足を滑らせて転倒する危険がある。

## 危険をなくすためには？

① ○ミートチョッパーのホッパー開口部には格子状の蓋を取り付け、中の状態は見えるが運転中に手を挿入できないようにする。
○ホッパー側縁と蓋の格子にはインタロックの電気接点を設置して、蓋を開けばチョッパーが自動的に停止するようにする。

② ○寸銅鍋の置き場所を調理作業の邪魔にならない場所に定める。

○中間処理済みの食材は、適切な温度で保管する。調理台の上のバットに蓋をしないまま置かれているミンチについても同じく必要な措置である。
・食材の管理に関する資料としては厚生労働省から「大量調理施設衛生管理マニュアル」（平成25年2月1日付け食安発0201第2号）が公布されているので参照するとよい。

④ ○ミキサーボウルには防護囲いを取り付け、運転中は撹拌機に手を触れられないようにする。
○ボウルと防護囲いの接続部にはインタロックの電気接点を設置して、防護囲いを取り外せばインタロックの電気接点が開いて、ミキサーが自動的に停止するようにする。

⑤ ○包丁を調理台の上に放置しているが、これは危険である。使い終わった包丁はその都度、まず洗う。
・中性洗剤で傷をつけないようスポンジなどできれいに汚れを落とし、上水ですすいだあと水分を拭き取り、エチルアルコール（飲用）を刃の全体に噴射し、アルコール噴霧が付着した状態のままで所定の壁面ラックなどの安全な置き場所で保管する。

⑥ ○荷を抱えて作業場内を移動することは禁止し、手押し台車で運搬する。
○水洗いすることのある床面は、排水が容易な勾配を付けて、水溜まりが生じないよう改造する。

<関係法令> ○安衛則2編1章・3節の2（食品加工用機械）、107条（掃除等の場合の運転停止等）
○食品衛生法

© 労働新聞社

© 労働新聞社

状況

厨房内で食品の加工をしています。手前の作業者はスライサーで肉を薄切りに、奥の作業者はフライヤーで揚げ物を作っています。

ここが危ない！

危険をなくすためには？

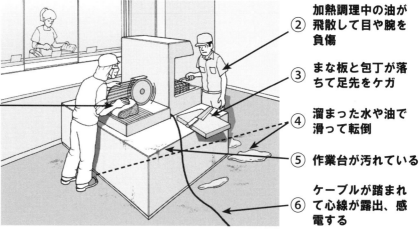

① 食品ブロックを掴んだ手が回転刃に巻き込まれる

② 加熱調理中の油が飛散して目や腕を負傷

③ まな板と包丁が落ちて足先をケガ

④ 溜まった水や油で滑って転倒

⑤ 作業台が汚れている

⑥ ケーブルが踏まれて心線が露出、感電する

| 具体的にどうなる？ | 危険をなくすためには？ |
|---|---|
| ① ミートスライサーは豚肉のブロックを押さえる冶具が取り外されていて、作業者は手掴みでそのブロックをスライサーの回転刃に近づけようとしている。豚肉が刃と接触する位置が定まらず、作業者が刃で手指を切断してしまう恐れがある。 | ○豚肉のブロックを押さえる冶具が故障して使えない場合、多量の加工をするためミートスライサーを運転することは危険なので避ける。<br>○少量の薄切りでよければ包丁で加工するが、多量の豚肉の薄切りを続けたい場合は、複数台のミートスライサーを設置しておくことが必要。 |
| ② 揚げ物をしている作業者は半袖で、油面から高温の油滴が飛び散って腕を火傷する危険がある。 | ○不慣れの作業者が揚げ物をする場合、飛来してくる油滴で火傷しないように長袖の作業服や手袋などを着用しておくと安全。油が撥ねることもあるので保護メガネを着用する。 |
| ③ 包丁を置いたまな板が調理台の角に置かれている。まな板に接触して包丁とともに台から落下し、足先をケガする恐れがある。 | ○包丁を使用する頻度が少ない場合は、使い終わった包丁を所定の位置に戻す。<br>・使用頻度が多いようなら、調理台の縁から離れた位置に置いておく。 |
| ④ 作業者は、つっかけサンダルを着用しているが、床面には水や油分の溜まりが見られ、滑って転倒してケガをする恐れがある。 | ○安全で滑りにくい靴（耐滑性安全靴、JIS記号F）を着用させるとともに、床面の凹凸を修理して平滑にし水たまりをなくす。 |
| ⑤ 作業台が汚れているようである。 | ○常に清潔に保つこと。 |
| ⑥ 電源ケーブルが床面を這って調理台上の器具に接続されている。床面のケーブルを現状の状態で踏み続けると、被覆が傷んで心線が露出し、短絡事故を起こす恐れがある。足に引っかかり転倒する危険がある。 | ○電源スイッチから卓上の器具にケーブルを常設する場合は、<br>・室内の高所を通す<br>・床面に溝を掘って通す<br>などの対策を行う。臨時の場合はプロテクターモールの使用も可能である。 |

＜関係法令＞

○安衛則130条の2（切断機等の覆い等）

© 労働新聞社

機械

状況

食品製造工場のベルトコンベヤの上を、成型された食品が流れています。落ちそうな食品に気づき、従業員が手を伸ばしました。

ここが危ない！

危険をなくすためには？

## ここが危ない！

① 荷で前が見えず人や物にぶつかる

② 露出したローラー軸などに着衣が巻き込まれる

③ 足を踏み外した際ベルトに手を伸ばし巻き込まれる

④ 作業者と非常停止スイッチの距離が離れている

⑤ 落ちた搬送物を受け止めようとして手を巻き込まれる

⑥ 水たまりで滑った際ベルトに手を伸ばし巻き込まれる

---

### 具体的にどうなる？　　　　危険をなくすためには？

① 台車の荷を高く積んでいるから、この台車を運搬する者は前方の状況を見通せず、他の作業者や障害物に激突する危険がある。
→ ○台車の積荷は、搬送者の目の高さより高く積むことを禁止する。

② コンベヤのローラー軸など動力伝導部が露出しており、コンベヤ上面の回転部などに手を触れて巻き込まれる危険がある。
また、コンベヤ本体下部の空間を潜り抜けて通行しようとして、ベルトとローラーの隙間に身体の一部を挟まれ、巻き込まれる危険も。
→ ○ベルトコンベヤの稼働箇所全般に、作業者の身体の接近を防止するカバーを設置する。

③ コンベヤの途中の床面の階段で足を踏み外し転落する危険があるだけでなく、慌ててベルトに手を触れて、ベルトの駆動軸に巻き込まれる危険がある。
→ ○階段には左右両側に手すりを設置する。

④ 非常停止スイッチが作業者の手の届く位置になく、コンベヤに巻き込まれるなどの非常事態が発生しても作業者は非常停止スイッチを即時に押せず、災害が大きくなる。
→ ○コンベヤの両サイドの作業者所定の位置付近に非常停止スイッチを配備する。

⑤ コンベヤの搬送物が落下しやすいので、これを受けとめようとした作業者が手をベルトに巻き込まれる危険がある。
→ ○コンベヤベルトの両側部の全長に亘って搬送物の落下防止ガイドを設置する。

⑥ 床上の水たまりで作業者が滑り転倒する危険があるだけでなく、滑ると慌ててベルトに手を触れ、駆動軸に巻き込まれる危険がある。
→ ○床面は平滑にし、要所に排水溝を配置して水捌けを良くし、水たまりの発生を防止する。

---

### ＜参考＞

○昭和50年10月18日・技術上の指針公示第5号『コンベヤの安全基準に関する技術上の指針』
　1‐2（5）コンベヤのベルト、プーリー、ローラー、チェーン、チェーンレール、スクリューなど労働者がはさまれ、または巻き込まれるおそれのある部分には、覆いまたは囲いを設けること。
　1‐3（14）コンベヤには、連続した非常停止スイッチを設け、または要所ごとに非常停止スイッチを設けること。

● No. 4　ボール盤

© 労働新聞社

（状況）

ボール盤を使って金属製品を加工しています。切りクズでケガをしないように、手には軍手を装着しています。服装はこれで大丈夫でしょうか？

（ここが危ない！）

（危険をなくすためには？）

ここが危ない！

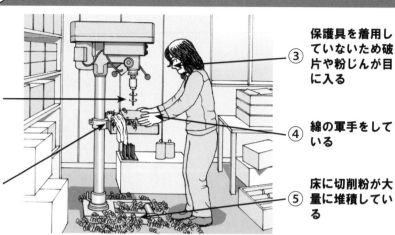

① ドリルが回転したまま部材をセットしようとしている。もし接触したらドリルが折れ破片が飛散する

② ウエスが回転しているドリルに触れたら、振り回され切り粉が飛散する

③ 保護具を着用していないため破片や粉じんが目に入る

④ 綿の軍手をしている

⑤ 床に切削粉が大量に堆積している

## 具体的にどうなる？

① ドリルが回転したままで、加工部材をセットしているが、ドリルの先端が加工部材の表面に接触すると、ドリルが折れて飛び散り作業者は負傷する。

② 盤上に放置されているウエスがドリルに接触して振り回されると盤上に散乱している切り粉が掃き飛ばされる。作業者は保護眼鏡を着用していないから、周囲に飛び散った切り粉が目に飛んできて、最悪の場合は失明する恐れがある。

③ 作業者は、保護眼鏡を着用していないから、金属の破片などが目に入る場合がある。帽子を被っていないため、長髪がドリルに巻き込まれる恐れもある。

④ 作業者は軍手を着用しているが、軍手が腕とともにドリルに巻き取られて、大ケガをする恐れがある。

⑤ 床面に切り粉が大量に堆積している。

## 危険をなくすためには？

① ○ドリルを回転したままで機械の刃部の掃除、給油、検査、修理または調整の作業（以下、「掃除等の作業」）を行うのは極めて危険である。
・機械を回転したままで刃部の掃除などはしない。停止した機械には必ず施錠をし、起動装置に運転禁止の表示板を取り付ける。

② ○ドリルの回転中に、作業者がウエスで作業台上の払拭をしていると、手指、腕などをドリルに巻き込まれて、負傷する恐れがある。台上にウエスを放置することは危険である。

③ ○作業者は、当該の作業のような危険な作業では作業帽と保護眼鏡を必ず装着する必要がある。
○作業帽と保護眼鏡の装着について、次の決まりを守る。
　1）動力により駆動する機械に作業中の労働者の頭髪または被服が巻き込まれる恐れのあるときは、当該労働者は適当な作業帽または作業服を着用する。
　2）粉じんを発散する有害な場所における業務、その他有害な業務では保護眼鏡などの適切な保護具を備える。

④ ○布製の軍手は、刃物や材料に引っかかりやすく、機械に手を巻き込まれて大ケガをしてしまうことがある。
・ボール盤などの刃物が回転する機械で作業するときには軍手を着用しない。

⑤ ○こまめに掃除すること。足が滑る恐れがある他品質に影響する場合もある。

## ＜関係法令＞

○安衛則108条（刃部のそうじ等の場合の運転停止等）、109条（巻取りロール等の危険の防止）、111条（手袋の使用禁止）、593条（呼吸用保護具等）……ゴーグルを含む

## ● No. 5　エレベーター

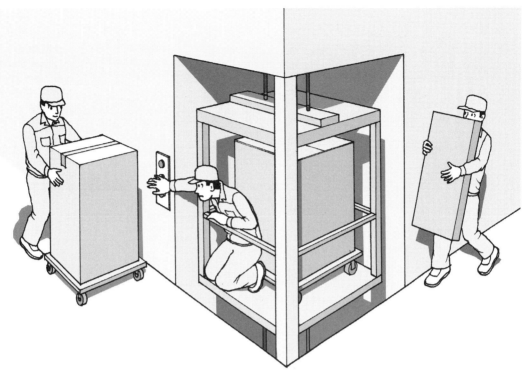

状況

3階建て倉庫の2階から、荷物専用のエレベーターに無理矢理乗り込んで、1階へ移動しようとしています。搬器には落下防止に手すりが設けられてはいますが……。

ここが危ない！

危険をなくすためには？

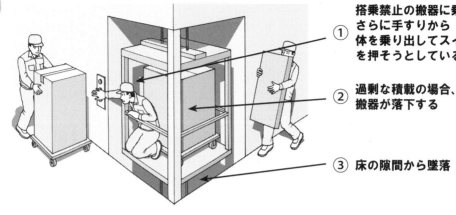

## ここが危ない！

① 搭乗禁止の搬器に乗り、さらに手すりから体を乗り出してスイッチを押そうとしている

② 過剰な積載の場合、搬器が落下する

③ 床の隙間から墜落

### 具体的にどうなる？

① 搭乗している作業者は搬器を1階に降下させるため、搬器出入口の手すりから身体を乗り出して昇降路の外壁の昇降スイッチ（押しボタン型）を押そうとしている。
万一、上下のスイッチを間違えて押した場合、搬器は上昇して3階の床と搬器の手すり棒の間に体を挟まれてしまう。

② 搬器には積載荷重量の表示もない。
荷が万一にも搬器をつっている鎖、あるいは搬器の天井板を破損する程の過重量であった場合、搭乗作業者が搬器および荷物とともに落下する大事故を発生させる恐れがある。

③ 昇降路の出入口の床面と搬器の出入口の床面の間隔が広い。
加えて倉庫側の説明では落下防止措置がされていない。この状態では、搬器に乗って昇降するまでもなく、荷の出し入れ作業で墜落する恐れがある。
他の作業者は次に積み込む準備をしているところと思われるが、荷は大きく、重そうである。

### 危険をなくすためには？

① ○作業者の搭乗は禁止されている。
○搬器に搭乗禁止の標識を貼り、全作業員を教育する。
○搬入口の扉が開放されリフトの可動範囲に人が入ったときに機械を停止させるなど安全装置が作動するよう、調整しておかなければならない。

② ○各階の搬器への入り口に最大積載量を表示し、過剰な積載を厳禁する。

③ ○昇降路の各階出入口に橋渡り用の鉄板を置いて、搬器に荷の出し入れをするときは橋渡り用の鉄板を引き出して橋渡しをする。
○このような荷物の積み下ろし作業においては床の隙間が危険である。直ちに機械を改善して隙間をなくす必要がある。

---

### ＜その他重要事項＞

○エレベーターの昇降する部分を、労働安全衛生法関係の法令では「搬器」、建築基準法関係では「かご」と呼んでいる。

### ＜関係法令＞

○クレーン等安全規則202条〜212条
○エレベーター構造規格
○平成5年11月4日・基発第626号『エレベーター構造規格の適用について』

## ● No. 6　粉砕機

© 労働新聞社

機
械

状況

粉砕機で穀物を粉砕していたところ、粉末の出が悪くなってしまいました。「材料が詰まった」と判断した作業者は、起動・停止スイッチで電源を切ってから、粉末の排出口に手を差し込みました。

ここが危ない！

危険をなくすためには？

**ここが危ない！**

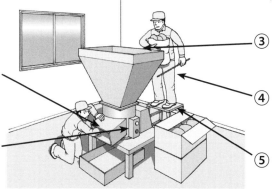

① 回転刃で指先を切る

② 他者が誤ってスイッチを押して大きな事故に

③ 製品調整などで前のめりの姿勢になりホッパー内に転落する

④ 持っている棒が攪拌羽根に巻き込まれて周囲を叩き回る

⑤ 抱えた材料の重さでふらついて床面に転落

| 具体的にどうなる？ | 危険をなくすためには？ |
|---|---|
| ① 粉砕機の中の回転刃は停止しているが、排出口までの奥行きは短い。下から手を入れると指先が回転刃まで届き、指を切る恐れがある。 | ○粉砕機出口の奥に手を直接挿入するのは危険。出口の奥を詰まってしまった粉砕物を手探りして掻き出す場合は、素手によるのではなく竹べらまたは木べらなどを使用する。 |
| ② 周りにいた作業者が起動禁止に気づかずに起動スイッチで粉砕機を起動し、作業者が回転刃で腕を切断する。 | ○回転機械を止めて点検するときは、機械の手元スイッチでなく、分電盤の当該機のスイッチを遮断してキーを抜き、回転機械の検査・点検などを実施している人がこれを所持する。分電盤には「作業中」などの掲示をする。 |
| ③ 作業者が、右腕で追加材料を抱えて脚立の上に立っているが、ホッパーの開口部は完全に開放型だから、ホッパーの中に転落する可能性がある。機械が稼働すると極めて危険なことになる。 | ○粉砕機のホッパーには作業者の転落を防ぐため、全面蓋扉式または格子扉式の蓋を取り付ける。 |
| ④ 作業者が持っている粉砕機内の詰まりを除くための棒は、材質が金属の棒であれば、ホッパーの攪拌羽根に巻き込まれた瞬間に振り回されて、重傷以上の被害を受ける恐れがある。 | ○ホッパーの原料を突き混ぜるための棒が金属製だとすると、これが機械の回転部分に挟まれた瞬間に周囲を叩き回るので危険である。粉砕機のホッパーの攪拌棒は、挟まれたときに砕けやすい木製のほうが安全。しかし、まずは一旦機械を停止すべきである。 |
| ⑤ 脚立には手すりがないから、作業者が材料の重さにふら付いて、脚立の台上から周囲の床面に転落して負傷する。 | ○粉砕機のホッパーへの原料投入は定期的に継続する作業なので、作業台の床面からの高さが2m以上の場合、作業台（法令では作業床）および梯子（法令では、はしご）には、手すりを設置する必要がある。<br>・脚立の天板上での作業は禁止されている。<br>・本件の作業高さが2m以上であるか否かは微妙な境界であるが、安全な作業を維持するためには2mを若干下回る場合も自主的に「手すり」を設置するのが望ましい。 |

**＜関係法令＞**

○安衛則101条（原動機、回転軸等による危険の防止）、107条（掃除等の場合の運転停止等）、518条（作業床の設置等）、519条……開口部の囲い

## ● No. 7　プレス機械

© 労働新聞社

状況

プレス機械での金属板加工作業です。両手操作式ですが、右側のボタンは押し込んだままテープで止められています。安全センサーは切りっぱなしになっています。

ここが危ない！

危険をなくすためには？

## ここが危ない！

① 開放状態のプレス機背面に第三者が接近

② 操作盤のスイッチがオンの状態で手を近づけている

③ 台車と作業者がぶつかりそう

④ 侵入防止センサーが無効の状態で手を近づけている

⑤ 操作パネル内部に触れ感電

### 具体的にどうなる？

① プレス機の背面が開放状態であり、作業中に第三者が接近して挟まれる恐れがある。

② 操作盤の右手側スイッチをガムテープで押さえた状態で、右手の先が材料の鉄板に接近しているため、機械が作動したときに手先を挟まれる。

③ 作業者の背後にある台車が第三者の衝突などにより動いて作業者にぶつかる。作業者は前に倒れて手がプレス機に伸びて挟まれる。

④ 侵入防止センサーのスイッチが「無効」側に設定されているため、安全装置（センサー）が働かず手先を挟まれる。

⑤ 稼働中の操作パネルの扉が開きっぱなしで、盤内の高電圧に触れて感電死する。

### 危険をなくすためには？

○プレス機の側面および背面には、接近防止のための安全囲いを設置する。

○押しボタンを肘やガムテープで押してプレス機械を稼働する行為は厳重に取り締まる。

○部材を積んだ台車の車輪にブレーキを掛け、安全のため車止めを車輪にはめておく。

○運転開始する前に、侵入防止センサーその他の安全装置が「有効」に設定されていることを確認する。

○分電盤などの電源のスイッチを切らなければ、操作パネルの扉は開かないようにする。

○上記の各項目に関する作業手順の見直し、安全教育の徹底、作業主任者および管理者などによる監督の徹底を図る。

---

### ＜関係法令＞

○安衛則131条（プレス等による危険の防止）、133条（プレス機械作業主任者の選任）、

○平成6年7月15日・基発第459号の2『足踏み操作式ポジティブクラッチプレスを両手押しボタン操作式のものに切り換えるためのガイドラインの策定について』

○平成10年9月1日・基発第519号の3『プレス災害防止総合対策の推進について』

○平成27年9月30日・基発0930第11号『プレス機械の安全装置管理指針』

状況

丸のこ盤で木材を切断しています。効率良く作業をするため、歯に取り付けられていた接触予防装置は普段から取り外されています。

ここが危ない！

危険をなくすためには？

③ この作業者は作業に直接関係していない様子

① 機械の安全対策において法の規定に違反

④ 破片や木くずで目を負傷する

② 木材がストーブで加熱され火災に

⑤ 全体に作業場が雑然としている

## 具体的にどうなる？

① 歯の接触予防装置が取り付けられていない。このことは事故の有無に関係なく法の規定に違反しているから取扱いは禁止される。早急に接触予防装置を設置しなければならない。

② 加工前の木材が積まれている。接近して暖房用石油ストーブが燃焼していて、木材が加熱され、火災を起こす恐れがある。

③ 丸のこ盤の横で、この作業を直接操作せずに観察している作業者の近傍には加工物の破片や木くずが堆積している。これらの払拭作業などのとき破片が飛散して目を負傷する恐れがある。

④ 作業者が安全のための保護具、特にゴーグルを着用していない。粉じんが目に入って眼球を負傷する可能性がある。

⑤ 作業場が雑然としているのでつまずく恐れがある。

## 危険をなくすためには？

① ○歯の接触予防装置および反ぱつ予防装置は早急に設置する義務がある。

② ○暖房用石油ストーブなどの燃焼発熱体は、木材などの可燃性の物体から離れた位置に設置する必要がある。
○可燃物を取り扱う作業場には石油ストーブは使用しない。

③ ○部外者の接近を禁止し、作業場立ち入り禁止の標識を掲示することが必要である。
○作業場に立ち入らせる必要のある場合は④の措置を行う。

④ ○ゴーグルに限らず、粉じんおよび音響などの発生が著しい場所では、それぞれの防護装置を着用する必要がある。
○作業場には木材加工用機械作業主任者を配置して次の業務を担当させる。
（１）丸のこ盤の運用を指導
（２）丸のこ盤および安全装置の点検
（３）丸のこ盤および安全装置の異状措置
（４）治具・工具などの使用状況の管理
（５）作業手順書の作成・管理・作業者教育

⑤ ○作業場は常に整理整頓しておくこと。

---

### ＜関係法令＞

○安衛令６条（作業主任者を選任すべき作業）６号
○安衛則122条〜128条……木材加工用機械、機械による危険の防止
　　　　129条、130条……木材加工用機械作業主任者の選任など

● No. 9　両頭グラインダー

© 労働新聞社

状況

両頭グラインダーを使って金属製品の研磨を行っています。研磨した製品で手をケガしないよう軍手をはめて、準備は万端です。

ここが危ない！

危険をなくすためには？

23

機械

## ここが危ない！

① 綿の軍手をしている

② 劣化した砥石が割れて飛散する

③ 飛散した粉じんや金属片が目に入る

④ グラインダーから発生する粉じんを吸い込む

⑤ 安全カバーが外れそうである

| 具体的にどうなる？ | 危険をなくすためには？ |
|---|---|
| ① 作業者は両頭グラインダーを運転しているが、軍手を用いることにより、回転中の砥石に軍手が巻き込まれて手をケガする恐れがある。 | ○作業者の手に関しては、軍手の使用を中止させるか、軍手以外の手袋（革手袋など）に変更させる。 |
| ② 砥石の更新がされていないようなので、劣化により砥石が割れて飛散すると当たってケガをする恐れがある。 | ○両頭グラインダーで金属棒を研磨・切削して製品を製造しているが、砥石の外周面は作業の続行とともに摩耗していく。砥石を交換せずに使用していると、研磨・切削して仕上げる能力は次第に減少していく。適当に減少した時点で砥石は更新することが必要である。<br>・砥石の交換と試運転を行わせる際には、労働安全衛生法で定められた特別教育を受けた労働者に作業を行わせなければならない。 |
| ③ 作業者がゴーグルを着用していない。飛散した金属の破片や粉じんが目に入って目を傷める可能性がある。 | ○目のケガによる視力の低下を防止するため、作業中はゴーグルを着用すべきである。 |
| ④ グラインダーから発生する粉じんには人体に有害な $10\,\mu\mathrm{m}$ 以下の微粉じんが多量に含まれる。吸い込むと呼吸器に障害が起こる可能性がある。 | ○防じんマスクは必ず着用すること。また局所排気装置等を設置すること。 |
| ⑤ グラインダーは汚れやほこりがたまっており、ほとんど掃除や点検がされていないように見られる。使用していない右のグラインダーはカバーが外れそうになっており、このまま別の作業者が使用すると危険である。 | ○グラインダーは掃除の頻度を適切に決定し、実行することが必要である。<br>○作業床台およびグラインダーの床の表面は、まず床面のほこりが立たないように濡れ布などで清掃をすること。<br>○作業床台の表面および両頭グラインダー関連設備の床表面の保全作業も重要である。<br>○使用前には、砥石やカバーなどに異常がないか点検をすること。 |

### ＜関係法令＞

○安衛法 59 条（安全衛生教育）
○安衛則 36 条（特別教育を必要とする業務）1 項 1 号……研削といしの取替えまたは取替え時の試運転の業務
○粉じん則……特定粉じん発生源（局所排気装置等の設置）：法令上は「使用前の直径が 300mm 未満の研削といしを除く」が、小型の砥石であっても除じん装置の設置が望ましい。ゴーグルの着用は必須。
○じん肺法

## ● No.10　産業用ロボット

© 労働新聞社

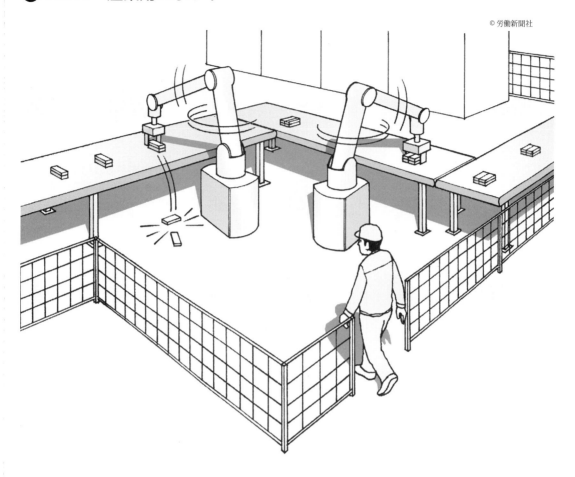

状況

自動化されたラインでロボットによる組み立て作業が行われています。作業者が定期
的に巡回して、問題がないか確認をしています。

ここが危ない！

危険をなくすためには？

## ここが危ない！

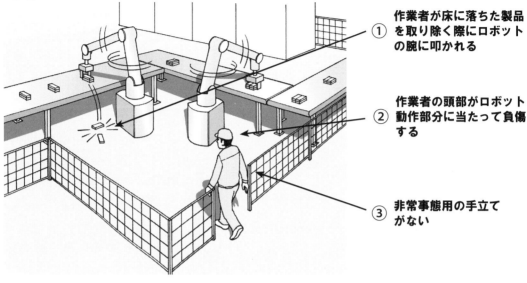

① 作業者が床に落ちた製品を取り除く際にロボットの腕に叩かれる

② 作業者の頭部がロボット動作部分に当たって負傷する

③ 非常事態用の手立てがない

---

### 具体的にどうなる？

① 産業用ロボットによる製品組み立てラインにおいて、作業場の「囲い」には扉がない。したがって、誰でも自由に出入りできる。いま作業者が作業台から床に落ちた製品を取り除く作業を行うところである。
産業用ロボットは色々な角度で素早く行動しているので、近くにいる作業者は、まれにロボットの腕で叩かれて負傷する危険がある。

② 作業者が布製の帽子を着用して「囲い」の中に入って行こうとしているが、頭部が産業用ロボットの動作部分に打ち当たると、非常に危険。

③ 製品組み立てラインに異常事態が生じても、非常停止用のスイッチが作業場の近くにないので、産業用ロボットの停止が遅れる危険がある。

### 危険をなくすためには？

○関係者以外が勝手に立ち入らないよう、「囲い」には扉を設置する必要がある。できれば「囲い」を2ｍ程度まで高くするとよい。
○機械を停止し、安全を確認してから「囲い」の中に入る。
○「囲い」の出入口にはロボットの自動停止装置を設置すること。

○保護帽として、布製の帽子はヘルメットまたは類似の強固な帽子に変更する。

○非常停止用のスイッチおよび緊急連絡用の電話機を「囲い扉」の近くに設置する。

---

### ＜関係法令＞

○安衛則2編1章・9節（産業用ロボット）、150条の3（教示等）、150条の4（運転中の危険の防止）、150条の5（検査等）、151条（点検）
○厚生労働省の行政指導通達（昭和50年4月10日・基発第218号『荷役、運搬機械の安全対策について』）に保護帽の着用の規定が示されている。

## ● No.11　ロール機の清掃

© 労働新聞社

機械

(状況)

回転する機械のローラーに製品のカスが付いてしまいました。汚れを掃除するため、機械を停止したあと、低速で回転させながら拭き取ろうとしています。

(ここが危ない！)

（危険をなくすためには？）

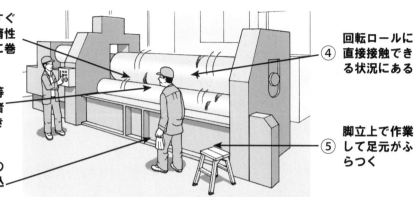

① 作業者が停止後すぐに手を出して、惰性で動くローラーに巻き込まれる

② 寸動、低速回転等の操作時に作業者が手を触れて巻き込まれる

③ 着崩したシャツの裾や袖口が巻き込まれる

④ 回転ロールに直接接触できる状況にある

⑤ 脚立上で作業して足元がふらつく

## 具体的にどうなる？ / 危険をなくすためには？

① 左の作業者が停止ボタンに手をかけ、右の作業者は機械が停止するのを待っている。機械はスイッチを止めても惰性で数秒回転する構造の物もあるため、すぐに手を出すと巻き込まれる恐れがある。
→ ○ローラーは停止スイッチを押しても惰性で動きがすぐには止まらないこともあるので、急停止機構を設けて直ちにローラーが非常停止できるよう設備改善を行う。

② 汚れの位置を確認するためにローラーを低速で回転させているとき、ローラーや回転部に手が触れて巻き込まれる。
→ ○汚れを除去するにはローラーが完全に停止したことを確認した後、除去作業を行う。

③ 夏場でシャツのボタンは前開き、袖のボタンも外している。裾や袖口が巻き込まれやすい。
→ ○回転体への巻き込まれ防止のため、服装の乱れにも注意させる。作業服はサイズの合った物を着用させ、回転体に巻き込まれないように、袖口や前のボタンはきちんと留めておくようにする。

④ 機械に安全カバーは取り付けられていない。
→ ○回転ロールに挟まれる危険があるので、回転部分に安全カバーまたは安全柵を設ける。
○ロール機の上部、作業者の手の届く位置に緊急停止用のスイッチを設けること。
○この他に被加工物に有機溶剤が含まれている場合には局所排気装置の設置が必要になる。

⑤ 作業者は用意した脚立の上で作業をしようと考えているようである。
→ ○ローラーの汚れ取り作業のために脚立が用意されているが、作業中に作業者がふらついて転倒する恐れがあるため、脚立ではなく手すり付きの足場を使用することが望ましい。

## ＜その他重要事項＞

○操作盤にはカバーやロックを設け、操作盤の操作は特定の作業者でなければできないようにする。
○安全教育を徹底する。非定常作業を含んだ作業マニュアルを作成し、作業者に周知しておく。

## ＜関係法令＞

○安衛則 107 条（掃除等の場合の運転停止等）
○厚生労働省ホームページ……はしご等からの墜落・転落災害防止に関するリーフレット

## ● No.12　構内道路での移動

© 労働新聞社

運搬・荷扱い

状況

昼下がりの休憩時間。同僚と一緒に飲み物を買いに出かけようとしています。よそ見をしながら歩いていますが、ちゃんと前を見て歩かないと！

ここが危ない！

危険をなくすためには？

29

ここが危ない！

③ 荷物で前が見えず人やトラックに衝突

① 2人が会話に気を取られてフォークリフトとぶつかる

④ 荷台が開いたトラックが動き出して荷が落下

② 2人が話に夢中になったまま道路中央を歩きトラックにひかれる

⑤ 蓋が外れた側溝に車輪がはまり荷が落下

## 具体的にどうなる？

① 構内道路を話しながら歩行していて、右折してくるフォークリフトに気が付かず接触し、骨折する。

② 歩行中の作業者が横断歩道を歩かず、道路の中央を歩きトラックと接触しはねられる。

③ フォークリフトに荷を高く積んでいるため前方が確認できず、道路に出るときに走行中のトラックにぶつかってしまう。

④ トラックの荷台を開けたまま車輪止めを設置せずに駐車して、トラックが動き出して、荷がそのはずみで落下。通行中の作業者に激突。

⑤ 側溝の蓋が外れていたため、運転ミスで車輪を脱輪し荷台が傾き、荷台や荷物がそばを通行中の歩行者に激突する。

## 危険をなくすためには？

① ○交差点にはカーブミラーを設置しコーナーの見通しをよくする。

② ○歩行者用歩行レーン区画を設置し道路中央を歩行しないようルール、教育を徹底する。

③ ○フォークリフトの荷の高さは運転者が前方を見通せるよう高さを制限する。
○校内制限速度を8km/h以下とし、ルールを決め、教育して徹底する。

④ ○駐車中のトラックにはタイヤ止めを設置し、荷台はしっかり閉じてロックしておく。

⑤ ○側溝にはしっかり蓋をして脱輪など発生させないようにする。

### ＜参考＞

○出入り業者への周知用に、構内で見通しが悪い場所や接触事故が起こりやすい場所などを地図上に記した「危険マップ」などを作成してみるのも災害防止手段のひとつ（大阪労働局「安全の見える化事例集」より）。

### ＜関係法令＞

○安衛則151条の3〜151条の15……車両系荷役運搬機械等、151条の16〜151条の26……フォークリフト
○道交法……貨物自動車

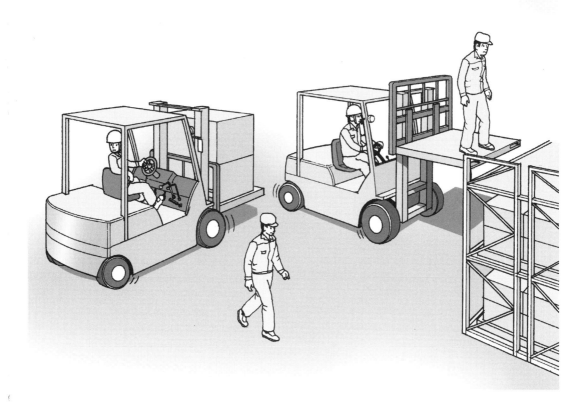

運搬・荷扱い

## 状況

ある製造工場の倉庫内で、フォークリフトによる荷物の運搬作業が行われています。近くを歩いている従業員もいますが、作業が忙しいため運転者は注意を払っていません。

### ここが危ない！

### 危険をなくすためには？

## ここが危ない！

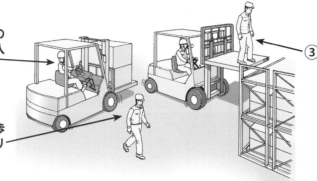

① 背面または前方の状況認識を誤り人や物に衝突

② 他の作業者等が歩行中にフォークリフトと激突

③ 揺れるパレット上の作業者が、足元がふらついて落下

## 具体的にどうなる？

① 左側のフォークリフトは後退走行している。運転者は背面の状況を見ながらも一部を見落す可能性があり、他の車両や作業者に接触する。
また過積載の荷物によって運転席から前方の状況は見通せない。前進走行すると運転操作を誤って他の車両や荷役作業者に接触する危険がある。
前進走行はブレーキ時に慣性で荷物が前方へ転落する（場合によっては車両ごと転倒する）危険がある。

② 中央手前を通行する作業者が、走行するフォークリフトに接触する恐れがある。

③ 右側のフォークリフトは、パレットに作業者を載せてフォークで持ち上げ、荷物棚に向かって移動している。パレットは固定されていないので、振動で動揺し、作業者は足元がふらついて作業者が転落する。

## 危険をなくすためには？

○フォークリフトの安全運転のため誘導者を配置して運転者を誘導させる。
○危険な運転を目撃した場合は、誘導者が警笛を鳴らして運転者の注意を促す。

○荷物の種類次第で荷役の場所が変動するから、作業者通路が設定されていない。荷役作業場には部外の歩行者の立入を禁止する表示と柵・縄張りなどを設置する。

○フォークリフトは、運転者の座席以外の場所に労働者を載せることを原則として禁止（安衛則第151条の8）。高所で作業する場合は、梯子または脚立を使用すること。

## ＜その他重要事項＞

※フォークリフトを用途外使用するには、労働者に危険を及ぼさないことが必要である（安衛則151条の14）。その他は下記による。
○安衛令20条（就業制限に係る業務）11号……フォークリフトの運転資格の確認（最大荷重1トン以上）。
○安衛則36条（特別教育を必要とする業務）5号……なお、この資格等だけでは公道上での走行はできない。
○安衛則2編1章の2・1節（車両系荷役運搬機械等）

● No.14　倉庫外への荷物運搬

© 労働新聞社

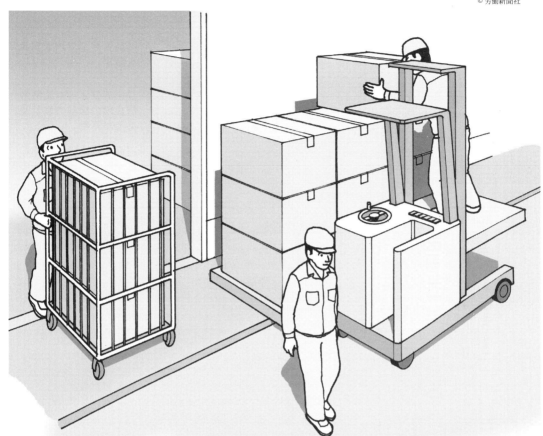

運
搬
・
荷
扱
い

（状況）

倉庫内にスペースを確保する必要が生じたため、リーチフォークを使って本日出荷する分の荷を倉庫外へ出しています。軽い荷はロールボックスパレットで運んでいます。

（ここが危ない！）

（危険をなくすためには？）

## ここが危ない！

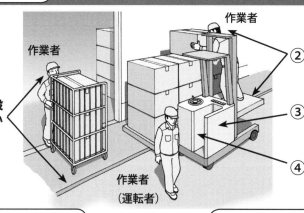

作業者

作業者

作業者
（運転者）

① 前が見えず段差につまずいて転倒する

② パレット上でバランスを崩す

③ リーチフォークに接触防止用の機器や表示があるか不明

④ 運転者離席により運転席が無人のため万一の逸走時止められない

---

### 具体的にどうなる？

### 危険をなくすためには？

① 作業者はロールボックスパレットを押して移動してきた。積まれた荷物で前が見えず、前方の段差につまずいて転倒する恐れがある。

➡ ○ロールボックスパレットは簡単な設備で多くの作業場で利用されているが、意外に事故は多い。基本的な操作は「押し」「引き」「よこ押し」の３種類。作業者がしている「押し」はもっとも操作しやすい方法であるが、荷物の積み方によっては前方の視界が妨げられて何かに衝突したり、段差に落ちて転倒するなどの事故を起こす恐れがある。したがって目の高さよりも高く荷を積まないこと。

② 作業者は、リーチフォークで持ち上げたパレットを作業床代わりにして、不安定な高所で荷の位置を直している。

➡ ○リーチフォークなどの荷役機械は荷物の操作専用の機械であり、本例のように作業者がパレット上に乗って作業することは「用途以外の使用制限」で原則禁止されている。
・この作業では、脚立などを用いるべきであるが、やむを得ずパレット上で作業するときは安全帯を使用するか手すりや枠の付いたパレットを使用する。
○作業者すべての者にヘルメットを着用させ、作業現場の状況に応じて耐滑性、屈曲性のある安全靴を使用させる。

③ フォークに接触防止用のアラームやランプが取り付けられているか不明である。床面に通行帯などの表示があるかどうかも分からない。

➡ ○フォークリフトは定期検査、および作業開始前に点検を行う。また、接触防止用のアラームやランプなども整備しておく。
○床面に通行帯などの表示を施し、関係者以外の立ち入りを禁止する。
○ロールボックスパレットの使用前点検を行う。特にキャスターは不具合を起こしやすいので注意する。移動するとき異音を発するようであれば注油する。

④ 作業者（運転者）は運転席を離れてしまっている。フォークが予想外の動きをした場合にすぐに止めることができない。

➡ ○運転者が席を離れるときは、逸走防止装置が確実に作動していることを確認する。

---

### ＜関係法令＞

○安衛則２編１章の２・１節151条の２〜151条の26……車両系荷役運搬機械等
○厚生労働省ホームページ『ロールボックスパレット使用時の労働災害防止マニュアル』
○労働安全衛生総合研究所『ロールボックスパレット起因災害防止に関する手引き』

© 労働新聞社

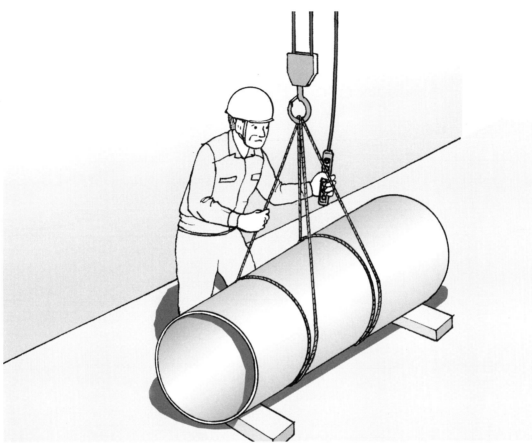

運搬・荷扱い

(状況)

天井クレーンを使って鋼管をつり上げる作業中、玉掛け資格者が急な用事で現場を離れてしまいました。残された作業者は「今まで何度も見てきたから」と、一人で作業の続きをしようとしています。

(ここが危ない！)

(危険をなくすためには？)

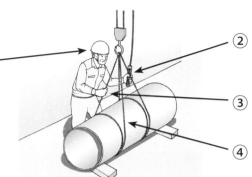

① 玉掛け作業を無資格者が行っている模様

② 万一ボタンを間違えた場合はクレーンに押される

③ ワイヤーを掴んだままスイッチを押す

④ ワイヤーが緩み鋼管が落下

## 具体的にどうなる？

① 当該作業現場では玉掛け資格の所有者が急用で席を外したため、無資格の作業者が荷をつり上げようとしている。

② ペンダントスイッチのボタンを間違えて、クレーンを後方の壁面に向かって走行させると、作業者は後方に押し倒され、または後壁に押し付けられて、大ケガをする恐れがある。

③ 作業者が、右手がワイヤーを掴んだままでペンダントスイッチの巻き上げボタンを押すと、作業者は鋼管と一緒につり上げられる恐れがある。

④ 作業者が右手で掴んでいるワイヤーは管径が細い位置に巻かれ、左手に近いワイヤーは鋼管の長さのほぼ中間の位置で管径が太い部分に巻かれている。
この状態でクレーンのフックを巻き上げると鋼管の右手ワイヤーはあだ巻き（※）が緩み、あだ巻きの位置と締まり度合い次第では床に向かってずり落ちて、作業者が重傷を負う恐れがある。
（※荷にワイヤロープを1回巻き付けて掛ける方法）

## 危険をなくすためには？

○資格なしで荷をつり上げようとしているこの事態そのものが極めて危険な状態である。玉掛け業務と床上操作式クレーンの運転業務を行う者は、次の資格が必要。
・玉掛け（つり上げ荷重1トン以上）……玉掛技能講習修了者
・玉掛け（つり上げ荷重1トン未満）……玉掛けの業務に係る特別教育
・床上操作式クレーンの運転（つり上げ荷重5トン以上）……クレーン運転士免許、または床上運転式クレーン限定免許、または床上操作式クレーン運転技能講習修了者
・床上操作式クレーンの運転（つり上げ荷重5トン未満）……クレーンの運転業務特別教育

○玉掛け作業責任者を指名し、以下の業務を実施させる。（参考：玉掛け作業の安全に係るガイドライン）
・玉掛け作業主任者は、つり荷の形状と数量が事業者から指示されたものであるか、使用する玉掛け用具の種類と数量が適切か確認し、必要な場合は玉掛用具を変更、交換する。
・クレーンの据付状況と運搬経路を含む作業範囲内の状況を確認し、必要な場合には障害物を除去する。
・玉掛けの方法を確認し、不適切な場合には玉掛け者に改善を指示する。
・つり荷の落下の恐れなど不安全な状況を認知した場合には、直ちにクレーン等の運転者に指示し、作業を中断し、つり荷を着地させる。

## ＜関係法令＞

○安衛法61条（就業制限）……玉掛け免許、76条（技能講習）
○安衛則83条（技能講習の細目）
○玉掛け技能講習規程

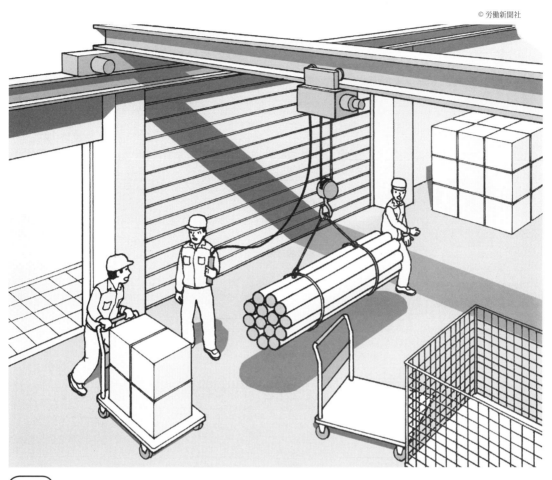

© 労働新聞社

状況

床上操作式クレーンで材料をつって作業をしています。通りがかった同僚と仲良く喋っており、明るく雰囲気の良いなかで仕事をしています。

ここが危ない！



危険をなくすためには？

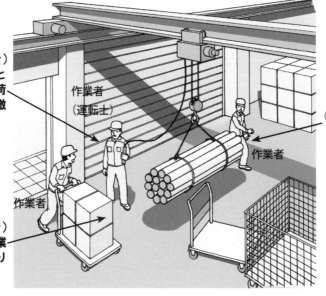

① 作業者（運転士）が他の作業者と会話中につり荷が床面の物に激突

作業者（運転士）

③ 作業者（運転士）が他の作業者と会話中につり荷がこの作業者に激突

作業者

② 作業者（運転士）と会話中の作業者と台車につり荷が激突

作業者

## 具体的にどうなる？

① 作業場内では、運転士が床上操作式クレーンを運転しているが、つり荷の右手側で台車を押している作業者と話をしており、クレーンのつり荷の移動の様子を見落としている。
これでは、クレーンのつり荷が作業場の床面に積んである物体に激突したとき、つり荷および地上の物体が破損する恐れがある。

② さらに、つり荷が前進すれば、作業場の床面に置いてある台車等に激突し、つり荷および地上の物体を破損する恐れがある。

③ つり荷が本図で右側に寄り、かつ、つり高さを下げるようなことがあると、本図右側の歩行者につり荷が激突し負傷させる恐れがある。

## 危険をなくすためには？

○床上操作式クレーンを操作している運転士は、クレーンやつり荷の状態を常に監視していなければならない。

○床上操作式クレーンが進行している先に積み荷などが存在する場合、つり荷は、床上の積み荷から十分な間隙と高度の差がある状態で移動させる必要がある。特に、無線操作式クレーンの場合は注意すること。

○現場の図のようにつり荷から目を外して右側の作業者と話し合うときは、運転士はつり荷の移動を停止すべきである。

## ＜参考省令＞

○安衛法 61 条（就業制限）
○クレーン則 36 条（作業開始前の点検）

## ● No.17　はい作業

© 労働新聞社

運搬・荷扱い

（状況）

倉庫内の「はい」（積み上げられた荷の集まり）を台車に載せて運ぼうとしています。
荷物は1袋当たり30kgくらいで、かなりの重さがあります。

（ここが危ない！）

（危険をなくすためには？）

39

## ここが危ない！

① はいが雑然と落ちそうな状態で積まれている

② 荷物を台車に積み上げる際に腰を痛める

③ 背伸びした状態からバランスを崩し転倒する

④ 作業主任者がいるか不明

| 具体的にどうなる？ | 危険をなくすためには？ |
|---|---|
| ① 倉庫内のはいの積み方は雑然としていて今にも崩れ落ちてきそうな箇所がある。 | ○はいは整然と積み上げ、地震など多少の異変でも崩れ落ちないよう工夫する。ロープ掛けも有効。<br>○はいの高さが2m以上のものが複数ある場合は、はいとはいの間隔を適度に確保しておく。 |
| ② 作業者は20〜30kgのはい（積荷）を台車に積み上げていて、腰痛を起こす恐れがある。 | ○作業者1人で取り扱うはいの質量（重量）の目安は男性の場合で体重の40％以下、女性ならその60％以下にする。<br>○作業姿勢にも注意すること。 |
| ③ 作業者は積み上げてあるはいを背伸びして降ろそうとしている。バランスを崩して転倒したり、はいが崩れて押し倒される恐れがある。姿勢によっては腰痛発症の恐れもある。 | ○はいの高さは1.5mを超えるようである。背伸びしてはい崩しを行うと危険なので、適切な昇降設備を使用する。<br>○はいは中抜きをせず、上から順に、ひな壇状に崩していくこと。高く積み上げられたはいの取扱いを誤ると、急に崩れ落ち、重大事故となる恐れがある。 |
| ④ はい作業主任者が選任されているか不明である。 | ○はい作業主任者を選任して、その者に作業を直接指揮させる。<br>・作業前に安全衛生教育を実施し、作業者および当該業務の関係者全員によるリスクアセスメントを実施する。<br>○その他、安全帽の着用、腰痛予防体操の実施、適度な間隔で小休止をとる。はいの性状によっては防じんマスクなど適切な保護具を着用する。腰痛健康診断を実施する。また、コンベヤーやつり具など機械化・自動化することも腰痛予防対策として重要である。 |

### ＜参考＞

はいの取扱いから生ずる腰痛は、天秤やてこなどの機械と同様に考えることができる。「職場における腰痛予防対策指針」が示すイラストに機械的解説を追記した（右図）。
図の左側は好ましくない作業姿勢で、機械でいう「支点」が「腰」である。W1は「はいの質量と作業者の上半身の質量を加えたもの」で、重心から支点（腰）までの距離がL1となる。支点（腰）にはW1×L1の力が掛かる。この力に釣

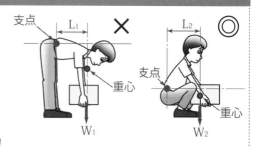

り合うよう腰が頑張っているが、頑張りすぎたり、繰り返し大きな力が掛かると腰痛（支点が壊れる）になる。一方、右側は好ましい姿勢で、W2は、はいの質量で上半身の質量はほとんど加わらない。その上L2はL1よりも小さい。したがってW2×L2はかなり小さくなり支点（腰）の負担も極めて小さくなる。

### ＜関係法令＞

○安衛令6条（作業主任者を選任すべき作業）12号

運搬・荷扱い

### 状況

食品製造部門のバックヤードです。最近改装があり、棚は整理整頓され、床面がきれいで明るくなりました。台車を使って材料を運んでいます。

### ここが危ない！

### 危険をなくすためには？

**ここが危ない！**

① めくれたマットに台車のタイヤがひっかかって転倒

② 前が見えず進んで他作業者と激突

③ 床にこぼれた水で足が滑って転倒

④ 段ボール箱が高く積まれている

---

**具体的にどうなる？** | **危険をなくすためには？**

① 通路から部屋へと続く場所にマットが敷かれているが、端がめくれた状態になっている。走行中の台車のタイヤがひっかかると、安定を崩して転倒してしまう。
→ ○足ふきマットの周囲はテープできちんと固定しておく。

② 台車に荷物を積みすぎていて、前が良く見えないまま通路を進んでいる。物陰から飛び出してきた他の作業者に激突し、ケガをさせる危険性がある。
→ ○台車に荷を高く積みすぎると前が見えずに接触事故の原因になる。視線が通るように積み上げる高さの制限を決め、ルールとして周知しておく。
○見通しの悪い通路の角にはカーブミラーや人が通行する際にセンサーで反応するランプを設置するなど、接触を防止するための措置を講じておく。
○曲がり角に差し掛かる前に一度立ち止まり、通行者がいないか確認する。

③ 床の水濡れが拭き取られずに放置されたままになっている。衛生的に問題があるだけでなく、通路を通った従業員が足を滑らせて転倒する恐れがある。
→ ○床に落ちた水や油は速やかに拭き取る。
○常に水を扱う作業場では、滑りにくい材質の床や滑りにくい長靴を履かせる。

④ 通路のわきには段ボールが高く積まれている。一部は変形してバランスが悪くなっているようであり、崩れて通行者にぶつかるかもしれない。
→ ○積まれた荷物で従業員がつまずかないよう、通路は片づけておく。定期的に３Ｓ活動（整理・整頓・清掃）を行い、片付いた状態を保つようにする。

---

**＜その他重要事項＞**

○台車を止めて作業を行うときは、台車が動き出さないように必ずストッパーをかけるようにする。
○台車に重量物を積んで運んでいると、腰痛を引き起こす原因にもなる。また、重すぎる荷物によってコントロールが効かず、自分の足をひいてしまったり、ぶつけてしまったりする恐れもあるので、積載する荷物の重量は無理のない範囲に決めておく。

**＜関係法令＞**

○厚生労働省ホームページ『ロールボックスパレット使用時の労働災害防止マニュアル』
○労働安全衛生総合研究所『ロールボックスパレット起因災害防止に関する手引き』

## ● No.19　事務所内の移動

© 労働新聞社

運搬・荷扱い

状況

長い歴史のある工場の事務所棟内です。2階から荷物を持って階段を下りています。大きい段ボールに書類がぎっしり詰まっていて、1人で持つにはかなり重そうです。

ここが危ない！

危険をなくすためには？

43

## ここが危ない！

① 体を支える設備（手すり）などがない

② 突起物につまずいて転倒する

③ ケーブルにつまずいて転倒する

④ 重い荷物を持って腰痛になる

⑤ 荷物を持っているため足元が見えず階段を踏み外して転落

## 具体的にどうなる？

① 階段の横には手すりがなく、とっさの際に体を支えることができない。踏み面には、滑り止めや、注意を促す表示がされていない。

② 古い建物のため、床面に突起物が残っているようである。つまずいて転倒する恐れがある。

③ 階段脇の通路に、電気ケーブルがむき出しのまま横切って通っている。

④ 重い荷物を持ち上げるとき、持ち歩くときに腰痛の危険にもさらされている。

⑤ 作業者は抱えた荷物で両手が塞がり、足下が見えていない。体がふらつき、このままでは階段を踏み外して転落する恐れがある。

## 危険をなくすためには？

○階段の手すり設置は必須条件である。階段と手すりの関係は建築基準法施行令を参照する。
○階段付近の照度（70Lx以上を推奨）を上げて視認性を良くする。階段の踏面には滑り止め材を付け、トラテープで視認性を向上させる。

○通路や床にある不要な突起物は速やかに撤去する。
・特にかつて使用していた機械などのアンカーボルトの除去は目立たず忘れやすくつまずく恐れがある。

○通路を横断して電気ケーブルを配置する場合はコードプロテクターなどを用いてケーブルを保護するとともに、つまずき・転倒を防止する。
・恒久的には電気配線を迂回させるなどの対策を講じる。

○この作業に於ける対策は種々考えられるので、代表的なものを列記しておこう。
ⅰ）階段を使用せずエレベータを使用する。さらに台車などを利用する。
ⅱ）六輪式の階段運搬台車を使用する。
ⅲ）両手が塞がった状態で階段を上下することは危険であるから荷物は片手で持てるくらいに小分けして足下の視界を確保する。仮に荷が軽くても、本例のように足下の視界が悪いと転倒の危険は避けられない。
ⅳ）腰痛対策として1人で扱う荷物の重さは男性は体重の40％以下、女性はさらにその60％以下とする。
ⅴ）滑りにくい靴を履く。歩きにくい服装にも注意する。
ⅵ）よそ見、ポケット手の禁止。

## ＜その他重要事項＞

（ⅰ）転倒災害防止のための安全衛生教育の実施
（ⅱ）過去の災害事例による教育、KYTの実施（めくれたマット、廊下に清掃用具などが雑然と置かれていた、照度不足など）
（ⅲ）身体的要因：疲労、睡眠不足、加齢による身体能力の低下
（ⅳ）前項、前々項などを踏まえたリスクアセスメントの実施

## ＜関係法令＞

○安衛則552条（架設通路）……手すり高さ85cm以上
○平成25年6月18日・基発0618号第1号『職場における腰痛予防対策指針』
○建築基準法施行令25条（階段等の手すり等）……階段に手すりを付けることは必須条件であるが、高さは決まっていない。

© 労働新聞社

衛

生

### 状況

アルミ製品の研磨作業を行っています。作業場にはたくさんの金属粉じんが舞っています。実はこの研磨屑、大きな災害につながる危険が……。

### ここが危ない！

### 危険をなくすためには？

## ここが危ない！

① 粉じんが目や
　呼吸器に入る

② 研磨作業によるグ
　ラインダーの火花
　が粉じんに着火

③ 回転部等に入った粉
　じんが摩擦熱で発火

掃除したアルミ
粉じんの堆積物

④ 浮遊粉じんや堆積
　した粉じんが送風
　機で飛散する

⑤ ほか様々な要因で
　発火、爆発

---

### 具体的にどうなる？ / 危険をなくすためには？

① 作業者のマスクが防じんマスクかどうか明確でない。ゴーグルも使用していないようである。床の清掃作業者も防じんマスク、ゴーグルも着用しておらず、粉じんが目に入ったり、呼吸障害を起こす。
　➡ ○アルミ粉じんが発生する作業、グラインダー作業や清掃作業には防じんマスク、安全メガネ、あるいはゴーグルタイプの安全メガネを着用する。

② アルミニウム製品の研磨作業を行っているが、グラインダーの火花が飛散して、堆積中のアルミ粉じんに着火して火災、爆発。
　➡ ○堆積粉じんや室内の粉じんを毎日清掃し、作業場外に設置した密閉容器に入れる（アルミニウムやマグネシウム合金は普通の状態では着火しないが、粉じんの状態になると爆発的に反応する）。

③ グラインダーのボールベアリング部に粉じんが入り、摩擦により発熱し、アルミ粉じんが発火し火災、爆発。
　➡ ○ボールベアリングなど回転部、軸受け部の過熱、発熱を防ぐため、防じん型を用いる。

④ 送風機の風で作業所付近に堆積した微粉じんが舞い上がり、部屋全体に拡散し、粉じんの量によっては最悪の場合スパークで爆発する。
　➡ ○送風機で粉じんが飛散するので、レシーバー型のフードをグラインダーに取り付け、集じん装置付の局所排気装置で捕集、排出する（なお砥石の直径が 300mm 以上は必須）。

⑤ 上記の他に確認できる危険ポイント。
　○アルミ粉じんが発生し、部屋中に拡散しており、グラインダーの火花や送風機のスパークなどで着火爆発する。
　○清掃作業者が粉じんの発生を抑えるため、床に水をまきながら清掃していたところ、堆積場所に水がかかり、アルミ粉が水と反応し、発熱、発火し火災、爆発。
　○送風機、グラインダーにアース（接地）を取り付けてなかったために、静電気が発生し、火花によりアルミ粉に着火し爆発。
　➡ ○電気機器にはアース（接地）を完全にとり、静電気の帯電をしないようにする。
　○発生した粉じんは、導電性、および無火花性スコップまたは、粉じん爆発安全対策型真空掃除機で除去する。
　○アルミ粉には水蒸気、水は厳禁。
　○アルミ粉じんの火災などの初期消火のために乾燥砂を近くに設置しておく。
　○アルミ粉じんの堆積場所に囲い、蓋などがないためその周囲に散らばる恐れがある。

---

＜参考＞　○アルミニウムやアルミのマグネシウム合金の粉じんは爆発の危険が極めて大きい。特に集じん装置のフィルタのメンテナンス時の事故が多いので注意すること。専門家の指導のもとで実施する必要がある。

＜関係法令＞　○粉じん則
　○平成 14 年 3 月 29 日・基安発第 0329001 号『携帯電話筐体等の仕上げ加工に係るマグネシウム合金粉じんによる爆発火災災害の防止について』

# ● No.21　冷凍倉庫

© 労働新聞社

(状況)

食品の冷凍倉庫に入り、在庫確認をしています。短時間で終わる作業だと思ったのか、作業者は防寒着を着用していません。倉庫の中にも周りにも人は他にいないようです。

( ここが危ない！ )

( 危険をなくすためには？ )

衛

生

47

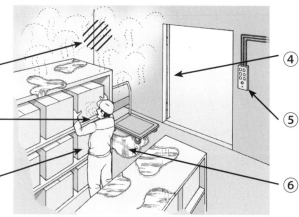

① ドライアイスなど使用時に酸欠になる

② 作業者の服装が通常の作業着のため凍傷などの危険

③ 作業者が単独作業中で、異常発生時、他に気付く人がいない

④ 扉にハンドルなく手動操作ができない

⑤ 自動ドアがロック状態で万一の停電時に閉じ込められる

⑥ 凍結した床で足が滑る

## 具体的にどうなる？

① ドライアイスや液体窒素を使用する場合、酸欠の恐れがある。
冷媒（フロンガスなど）の漏洩事故にも注意が必要である。

② 冷凍倉庫内に入って在庫の確認などの短時間作業のため、防寒着を着用していないが、作業が長引くと凍傷や健康被害の恐れがある。

③ 作業者は一人だけなので、作業者に異常が起こった際に気づかない。

④ ドアには内側から手動で操作できるハンドルなどがない。

⑤ 出入口のドアは断熱構造で重く、電動式のため、ロックされたまま停電などが起こると、閉じ込められる恐れがある。

⑥ 床の凍結で足を滑らせて転倒する。

## 危険をなくすためには？

① ○ドライアイスを使用する場合は、酸素欠乏危険作業主任者を選任する。
○酸素濃度の測定（$O_2$：18％以上）も行う。
○酸素濃度の自動警報装置を設置する。
○冷媒の漏洩を想定して、関係従業員全員参加のリスクアセスメント、安全衛生教育を実施する。

② ○短時間作業の予定でも、冷凍倉庫内は－50℃くらいあり、何らかの事情で作業が長引くことも考えられる。防寒着の着用は必須条件である。

③ ○一人で冷凍庫に入ることは危険。庫外でもよいから監視員を配置する。

④ ○ロックのかかるドアとは別に、内側から手動で操作できる出入口を設ける。

⑤ ○冷凍倉庫のドアは非常に重く、手動による開閉は困難であるから一般には電動式が用いられている。電動式は、自動的にドアのロックが掛かり、電気のスイッチだけで開閉する構造である。
・停電などの異常時には自動ロックが解除されて手動操作ができるような回路になっているかを確認しておく。

⑥ ○冷凍倉庫内の環境は庫外と比べ、極端に変わる。特に足下の凍結による滑り・転倒には十分注意する。

## ＜関係法令＞

○安衛法22条……健康障害防止
○安衛則587条（作業環境測定を行うべき作業場）
○労基法施行規則18条……労働時間延長の制限
○酸欠則

## ● No.22　配線の除去

© 労働新聞社

（状況）

工場内で、製造担当の班員が天井に這っている電気ケーブルを取り除こうとしています。ケーブルは途中で切れており、「電気は通っていないだろう」と考え、ニッパーで切断しようとしています。

（ここが危ない！）

（危険をなくすためには？）

衛

生

## ここが危ない！

① 通常のニッパーを使っている場合感電する

② 脚立の天板上で作業しており姿勢が不安定

③ 脚立のストッパーが外れている

④ ヘルメットのあご紐が外れやすくなっている

### 具体的にどうなる？

① 一部断線の電気回路は、単相電源電流の場合は停止状態でも電圧は加わっている。あるいは３相電線では、１本が断線していても残り２本には電流が流れている。
また作業者はその服装から、普通の製造現場の製造作業者であって電気工事士の資格はない者と予想される。使用しているニッパーが電気工事用ではない通常の金属板などの切断用であったなら、絶縁性は低く、感電の可能性は極めて高い。

② 作業者が脚立の上に立って作業を始めようとしている。この姿勢は感電するまでもなく、単に天板の上に立っただけで、姿勢が動揺して墜落し負傷する可能性が高い。

③ 脚立のストッパーが外れている。これでは天板の上に登って立ち上がろうとする前に、脚立の態勢が崩れて転落して負傷する。

④ ヘルメットのあご紐を締めないで作業しようとしている。あご紐をしっかり締めていないので、脚立の上から落下した場合、ヘルメットは必ず外れて、床面または転倒した脚立に頭部を直撃し、傷害の程度が大きくなる恐れがある。

### 危険をなくすためには？

① ○電気工事の安全を確保するため原則として、次の手順を実施することが必要である。
（１）当該配電系統の電源盤のスイッチを接断する。
（２）次に当該電源スイッチの投入を禁止するための施錠をする。
（３）さらに施錠のキーは、取り外して、配電系統の修理を担当する者が、修理の実施期間中は直接に所持する（当人の事務机上に置くことは禁止）
（４）施錠したスイッチには「修理のため休止中」の標識を掲示する。

② ○脚立を使用する場合の立ち位置は、天板から数えて３段目の段を立ち段の最上限とする。脚立の上面では踏面が小さく、不安定になるので使用は禁止されている。
○原則として高所作業には、高所作業台（または高所作業車）を使用する。

③ ○脚立を使用する場合は、②に示した立ち位置を厳守するほか、ストップバーのはめ状態その他に欠陥がないことを確認したうえで使用することが必要である。

④ ○電気工事用のヘルメットの主な注意事項
（１）「労・検」ラベルが貼付されていること。
（２）電気工事用としては、絶縁保護帽を使用すること。
（３）絶縁保護帽は、６カ月ごとに耐電圧性能の定期検査を行うこと（安衛則351条）。

---

### ＜関係法令＞

○安衛則２編５章（電気による基本の防止）、518条～ 521条……作業床・要求性能墜落制止用器具、528条（脚立）

© 労働新聞社

50

## ● No.23　洗浄槽の清掃

© 労働新聞社

状況

金属製品の脱脂作業用の洗浄槽の清掃作業です。槽に入っていたのと同じトリクロロエチレンを少量バケツにとり、ウエスに染み込ませて拭いています。

ここが危ない！

危険をなくすためには？

衛

生

## ここが危ない！

① 払拭作業中に目や口から薬品が体内に入る

② 槽内は洗浄剤のガス濃度が高い

③ 小出し容器から薬品がこぼれる

④ 換気扇が回っていない

⑤ 洗浄剤の成分表示がないが成分によっては急性中毒に

⑥ 床に水たまりがある

| 具体的にどうなる？ | 危険をなくすためには？ |
|---|---|

① 作業者は手袋、前掛けを着用しているが、保護眼鏡、防毒マスクは使用していない。
洗浄槽内部の払拭作業では作業者が前屈みになるので有害物に激しくばく露される。

○本例では洗浄剤の成分が示されていないが、一般的にトリクロロエチレンとすれば作業者は高濃度トリクロロエチレン・ガスにばく露される可能性が高いので、急速に防毒マスクの吸着剤の破過が起こる恐れがある。できれば送気マスクの使用が望ましい。
○保護メガネ、防毒マスク、手袋などの保護具着用は必須条件である。
○その他、④の通りポータブル型排気装置を用いて洗浄槽内を陰圧に保つ必要がある。

### ②および⑤

具体的な洗浄剤成分が示されていないが、トリクロロエチレンとすれば、急性中毒が大きな問題であり、発がん性もある。

○払拭作業にトリクロロエチレンを使用しない無害な方法で洗浄するのが一番良いが、現状ではやむを得ないことであろう。本例の場合は④を参照して小型のポータブル式の排気装置（局所排気装置）を用いて洗浄槽底面から排気すれば作業者へのばく露を低減することができる。
○薬品の入っている容器にはラベルを貼っておく。同時にSDS（化学物質安全データシート）を備え付けておく。
・法的には特定化学物質障害予防規則を参照する。
・作業者には安全衛生教育を繰り返し行い、特にSDSの読み方の概略を教育しておく。
・作業場所には作業者を1人にせず、必ず作業主任者に監視させ、作業主任者が席を外すときは代わりの者を付ける。作業主任者は作業前に、服装、保護具などの検査を行い、作業手順を復唱させる。
・洗浄槽のバルブ類の点検、全体換気装置および局所排気装置の稼働状況の点検を行う。

③ 払拭に使用するトリクロロエチレンを入れたバケツに蓋がなく、空気中濃度を上げるだけでなく、こぼして床面を汚染する可能性がある。

○払拭用のトリクロロエチレンを入れたバケツは洗浄槽の中に置くことを考える。バケツは小型で、洗浄槽の内部構造物に干渉しないようなものにする。

④ 作業場所の近くにかなり大型の換気扇が設置されているが、回っていないようである。

○作業場全体の換気は十分行う。トリクロロエチレンの消費量から排気量の概算を求めることもできるが、槽内にポータブル式の排気装置を設置して換気扇と併用すること。

⑥ 床の水たまりは速やかに掃除する必要がある。

○床の水たまりは作業者が滑る可能性があり、危険なだけでなく品質管理からも常に清潔に保つこと。

| ＜関係法令＞ | ○特化則38条の8（特別有機溶剤等に係る措置）<br>○有機則1章、7章 |
|---|---|

## ● No.24　アーク溶接

© 労働新聞社

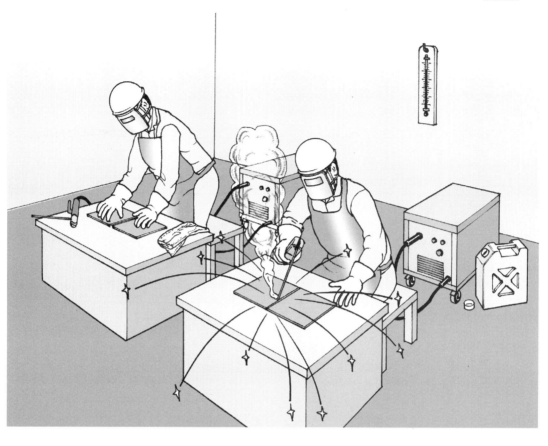

状況

屋内でのアーク溶接作業です。風通しがとても悪く、二人とも汗をかきながら作業を
しています。

ここが危ない！

危険をなくすためには？

衛

生

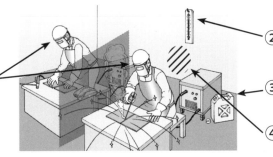

② 高温な状況下、作業者が汗で濡れて感電する

③ 火花が蓋の開いたオイル缶に燃え移る

④ 室内作業のため空気がこもりがち

① 有害光線にばく露される

## 具体的にどうなる？ ／ 危険をなくすためには？

① 2人の作業者の間に遮光板がない。アークにより有害光線が発生するため、他の作業者がこの光線にばく露される恐れがある。

→ ○2人の作業者の間（網掛けの箇所）に遮光板を設置する必要がある。

② 温度計はあるが、作業場は高温の様子で、作業者は汗をかいている。
アーク溶接機は交流式とみられるが、もし電撃防止装置が付加されていないなら、感電に気を付ける必要がある。

→ ○最近の交流溶接機は電撃防止装置が内蔵されているはずだが、ない場合は外付け式を用いる。
・電撃防止装置は溶接をしていないときは自動的に電圧を下げて感電を防止する装置であるが、作業服が汗で濡れていると身体に電気回路が構成されてしまい、電撃防止装置が誤作動して感電する恐れがある。
○そのほか溶接用の革手袋、絶縁性能のよいゴム底の作業靴は必ず着用する。椅子も絶縁材料を使用する。前掛けも必要である。

③ 近くに蓋を開けっぱなしのオイル缶が置いてあり、飛散した火花が燃え移る。

→ ○溶接作業は高温かつ火花が飛散する。作業場の近傍には可燃物は置かない。オイル缶は蓋を閉めて、安全な場所へ移動しておく。

④ 屋内の作業場であるが、全体換気装置が設置されていない。作業者ともに防じんマスクを着用している様子はなく、溶接ヒュームの除去装置（局所排気装置など）も設置されておらず、粉じんにばく露される恐れがある。

→ ○アーク溶接では多量のヒューム（煙）が発生する。このヒュームは溶接点の空気を遮断してブローホール（溶接の欠陥）を防ぐ役割を果たす一方で、作業者が吸い込むとじん肺にかかり極めて有害である。局所排気装置等で吸引除去するにも、「溶接の品質」と「作業者の健康」を両立させる必要がある。
○風速0.5m/s以下ならばほとんど溶接に影響しないことが知られているので、この風速の範囲内で作業環境を改善できる。
○作業者は必ず「型式検定」を受けた防じんマスクを着用する。着用方法、管理についての教育を受け、順守する。
【対策例】
1. 全体換気装置を設置する。
2. 本例ではテーブル上に小型のプッシュプル型換気装置を設置することができる。局所排気装置やヒューム除去装置付ホルダなども検討する。
3. 上記1、2を併用する。この場合でも完全に粉じんのばく露が防げるとは限らないので、防じんマスクも使用する。

---

### ＜関係法令＞

○安衛法59条（安全衛生教育）
○安衛則36条（特別教育を必要とする業務）3号、576条（有害原因の除去）……有害光線
○粉じん則……呼吸用保護具の使用、局所排気装置等の設置

● No.25　プラントの補修

© 労働新聞社

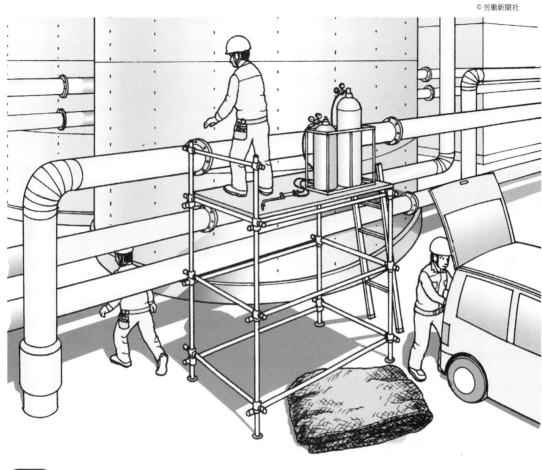

状況

化学プラントでの補修工事です。劣化した配管の一部をガスバーナーで溶断するため、足場を組んで上にボンベを上げました。これから作業に取り掛かろうとしています。

ここが危ない！

危険をなくすためには？

衛

生

55

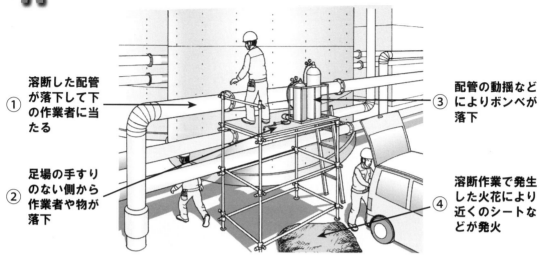

**ここが危ない！**

① 溶断した配管が落下して下の作業者に当たる

② 足場の手すりのない側から作業者や物が落下

③ 配管の動揺などによりボンベが落下

④ 溶断作業で発生した火花により近くのシートなどが発火

---

## 具体的にどうなる？ / 危険をなくすためには？

① 溶断した配管が落下し、下を歩いている作業者に当たってケガをする恐れがある。

→ ○溶断する目的の配管は、切断箇所の両端部を縄で縛り、切断後は安定した支持方法で床面に下ろすことが必要である。

② 作業用の足場は、配管に面して左側の手すり1本のみ存在し、他方に面する側には手すりがなく、地面に落下する恐れがある。

→ ○作業用足場の上部に安全な手すりを設置できない場合は、この場所における作業者は墜落制止用器具を着用し、足場床の外周の任意の場所にフックを接続する。

③ 足場上段面にガスボンベ2本を設置して配管の溶断作業を開始するようだが、溶断配管の動揺や地震などによる揺れでボンベが落下する可能性がある。付近に入出する作業者などがあれば、落下したボンベがぶつかって重傷を被る可能性が否定できない。

→ ○ガスボンベが落下して入出する作業者に当たらないよう、ガスボンベは床の底部脇に設置するのが良い。
○作業用の足場に限らず、火気を使用する場合には、付近の通路やドアなどの出入口からの出入りを禁止するのが良い。
○周囲にいる別の作業者は、溶断作業中は溶断する配管の直下で作業の準備および実施をさせてはならない。切断した配管の除去が終了した後に作業をさせる。

④ 配管の溶断作業でガスボンベと溶接器具が作動すると、発生した火花などによって地面に置かれた可燃性のシートが燃焼する。

→ ○溶接火花が飛ぶ可能性がある場所に置かれた可燃性のシートなどは、早急に移動すべきである。

---

**＜参考＞**

○安衛則519条……開口部の囲い等、520条……要求性能墜落制止用器具の使用、521条（要求性能墜落制止用器具等の取付設備等）、522条（悪天候時の作業禁止）

● No.26　部品の塗装

© 労働新聞社

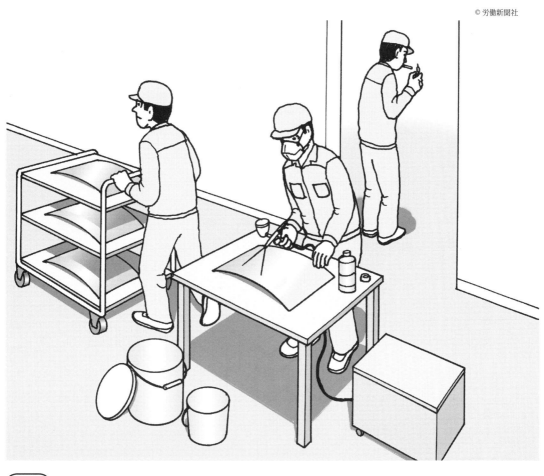

状況

金属部品の塗装作業です。エアー式のスプレーガンで、塗料を部品に吹き付けています。
塗料を伸ばすための有機溶剤には、トルエン（第2種有機溶剤）を使用しています。

ここが危ない！

危険をなくすためには？

衛

生

57

## ここが危ない！

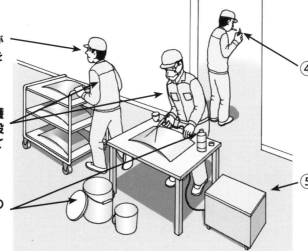

① 関係する作業者が有機溶剤の蒸気を吸い込む

② 有機溶剤用の保護具を着用せず普段通りの服装をしている

③ 有機溶剤用容器の蓋が開いたまま

④ 休憩に入る作業者がタバコに火をつけようとしている

⑤ 床上の物につまずいて転倒する

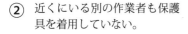

| 具体的にどうなる？ | 危険をなくすためには？ |
|---|---|
| ① 作業中の作業者はマスクをしているが、有毒ガス用ではないため適切ではない。有機溶剤の蒸気を吸い込む恐れがある。 | ○有機溶剤職場では適切な呼吸用保護具の着用が必要になる。有機溶剤にばく露されないためには、有機溶剤の有毒な蒸気を吸収する吸収缶を備えた「防毒マスク」を着用する。<br>○作業環境測定を実施し、使用している有機溶剤の管理濃度（例：トルエン20ppm）を超えている場合には、直ちに措置を講じる。適切な呼吸用保護具の着用のほか、作業工程の見直し、設備の密閉化や局所排気装置、プッシュプル型換気装置などの措置が必要になる。 |
| ② 近くにいる別の作業者も保護具を着用していない。 | |
| ③ 溶剤の蓋が開いたままで机の上に置かれている。 | ○有機溶剤の入った容器はきちんと蓋をしなければならない。<br>・有機溶剤のしみ込んだ布切れなども蓋の出来る容器に入れて、有機溶剤の蒸気が作業場に拡散しないよう注意する。 |
| ④ 休憩に入った作業者が、作業場から屋外に出るあたりでタバコに火をつけようとしている。引火性の物が近くにあると着火する危険がある。 | ○有機溶剤の多くのものは引火性があり、燃えやすく火災の危険があるので、火気厳禁を徹底させる。就業時間中は禁煙とすることが望ましい。 |
| ⑤ 足元が乱雑で片付いていないため、つまずいて転倒する危険がある。 | ○職場の整理整とん、清掃は安全衛生の基本であることを従業員に徹底させる。 |

<関係法令>

○安衛則1編2章（安全衛生管理体制）、576条（有害原因の除去）
○有機則5条等……第1種・第2種有機溶剤等に係わる設備（局所排気装置等）、有機溶剤作業主任者の選任等
○健康増進法25条等

© 労働新聞社

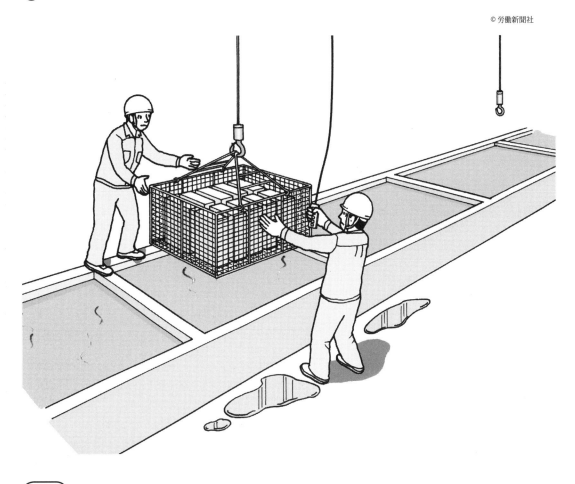

(状況)

製品のメッキ処理作業です。天井クレーンを使って製品の入ったカゴをつり上げ、メッキ槽に入れようとしています。

衛

生

(ここが危ない！)

(危険をなくすためには？)

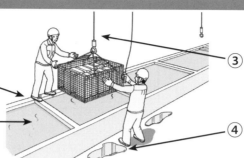

## ここが危ない！

① 足を踏み外しメッキ槽に転落

② メッキ槽が有害物を発散している場合作業者が吸い込む

③ 作業者がクレーンに接触して事故発生

④ メッキ液や洗浄水で濡れた床で足を滑らす

| 具体的にどうなる？ | 危険をなくすためには？ |
| --- | --- |

① メッキ槽への転落防止のため手すりやチェーンなどの災害防止設備が整っていない。
メッキ槽の周りの作業場所は狭いため、天井クレーンが走行するときに作業者はクレーンが運搬する荷物と接触してメッキ槽に転落する危険がある。

➡ ○メッキ槽の周囲に十分な高さの手すりやチェーンなどを設置して、作業時や作業者が通行するときに転落するのを防ぐ。
○メッキ槽のフチの部分に乗ったり歩いたりしないよう、ルールを周知徹底する。

② メッキ作業ではメッキ層の剥離のため、硝酸を使用するが、処理中に二酸化窒素が発生して、吸い込む恐れがある。

➡ ○作業場内の有害物の濃度を測るとともに、局所排気装置の設置や呼吸用保護具の着用などの適切な措置を講じて有害物へのばく露を防ぐ。なお、酸類の第3類物質について局所排気装置の設置義務はないが自主的に設置する場合は監督署への届出が必要である。

③ 作業場所では、クレーンを使用して製品の入ったカゴをつり上げており、他の作業者との接触事故が懸念される。またもし同時に2台を使用する場合には、1人で1台のクレーンを使用する場合と比較して注意が分散し、接触事故が起こりやすくなるので注意。

➡ ○事業者はクレーンの運転あるいは玉掛け作業を行う作業者にはあらかじめ特別教育を受講させた有資格者をつかせる必要がある。
○作業手順書を作成し、手順書の内容を作業者に周知させるとともに、作業に当たってはお互いによく合図を取るなど連携しながら作業をさせなければならない。

④ メッキ作業場の床は常に濡れている。作業者が足を滑らせ転倒する恐れがある。

➡ ○床面に滑り止め防止の処置を行う。
○濡れている床面でも滑らないよう、耐薬品性の滑り止め付きの安全靴を着用させる。同時にメッキ液の飛沫による目の障害防止のためのゴーグルを着用させる。
○地震対策としてメッキ槽は二重構造にして、メッキ液が溢れ出ることを防止することが望ましい。

---

### ＜参考＞

○厚生労働省の職場のあんぜんサイト上に掲載されている、メッキ作業のリスクアセスメントを支援するシステムも参考になる（https://anzeninfo.mhlw.go.jp/risk/risk_index.html）。

### ＜関係法令＞

○安衛則7条（衛生管理者の選任）、14条（産業医及び産業歯科医の職務等）、48条（歯科医師による健康診断）
○特化則13条（腐食防止措置）※酸洗い工程などで局所排気装置の設置義務はないが実際には局所排気装置なしでは作業できない場合がある。
特化則28条（特定化学物質作業主任者の職務）

## ● No.28　汚泥槽の清掃

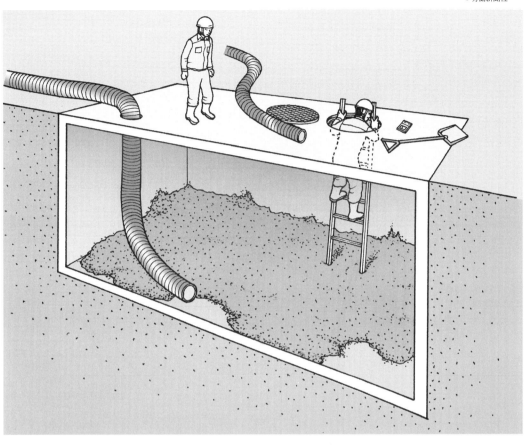

© 労働新聞社

状況

地下の汚泥槽に溜まった汚泥を水で流してポンプで汲み上げる作業です。作業前にマンホール付近の空気濃度を測定したところ異常はなく、室内に降りようとしています。

ここが危ない！

危険をなくすためには？

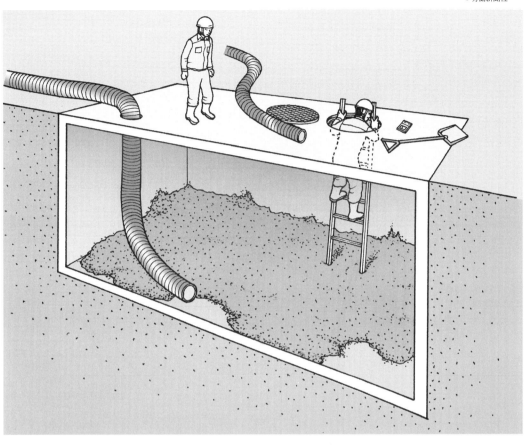

衛

生

## ここが危ない！

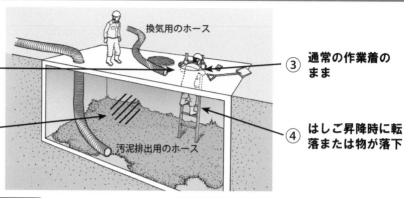

① 入口付近でのみ空気濃度を測定

② 槽内の空気の状態が不明

換気用のホース

③ 通常の作業着のまま

④ はしご昇降時に転落または物が落下

汚泥排出用のホース

---

### 具体的にどうなる？

① マンホールに入る前に、測定器で槽内の空気濃度の測定を行った。しかし、入口付近で測定しただけで「異常なし」と判断しているため、槽の内部、特に底面の近くに有害なガスが溜まっている可能性がある。

② 槽内は換気が行われておらず、硫化水素中毒や酸欠などにかかる恐れもある。

③ マンホールに入ろうとしている作業者は保護具を身に着けておらず、作業主任者も選任されていない模様である。

④ マンホールはやっと人が入れる程度の大きさで、はしごを掛けてある。昇降する際に転落したり、物が落下したりする危険性がある。

### 危険をなくすためには？

① ○作業前に槽内の空気を測定したことは手順として正しいが、槽内の空気が一様であるとは限らない。特に有害ガスは槽の底面に滞留していたり、汚泥を攪拌することで有害ガスが発散することも考えられる。汚泥の成分にもよるが、特に硫化水素および酸素濃度を疑う。
・測定値は正確な値と考えられるが、そのサンプリング方法（測定のデザイン）によっては槽内の空気の状態を代表しているとは限らないので、測定データだけを過信してはならない。また、作業中も環境測定を行う。

② ○この種の汚泥槽には多くの場合、換気装置は設置されていないと思われる。小型のポータブル換気装置をマンホールから挿入（吸引ホースを槽の底面まで下ろす）して一定時間換気してから作業に取りかかる。ポータブル換気装置は常に点検・整備しておく。

③ ○測定データが安全側にあるとしても、作業者には保護具（ホースマスク、保護メガネ、手袋など）を着用させる。
・槽の底に溜まっている汚泥を水流などで攪拌すると新たに有害ガスの発散も考えられるので、測定値だけに頼らず、送気マスクなどは常に着用させておく。
○槽の上に立っている作業者が作業主任者であるなら，上記①、②等の事項を指示する必要がある。

④ ○マンホールには洗浄用のホースや換気用の吸引ホースが挿入され、マンホールから新鮮な空気が流入している。作業者がマンホールから入るとき、かなり強い吸込気流にさらされることが予測されるので、昇降の際にバランスを崩して落下したり、持ち物などが吹き飛ばされないように注意する。マンホールには落下防止の柵を設置する。

---

### ＜その他重要事項＞

i 第二種酸素欠乏危険作業に係わる作業主任者を選任（本例では作業者を作業主任者に選任することが望ましい）して常時監視する（第一種：酸素、第二種：酸素および硫化水素）。

ii 作業開始前に作業主任者が教育を行うとともに、作業関係者全員でリスクアセスメントを実施する。万一のときの救助方法のイメージトレーニングも教育に含める。

● No.29　夏季の工場内作業

© 労働新聞社

状況

夏真っ盛りの工場内です。製造ラインにトラブルが起こり、電気系統を確認しています。
工場内は換気や冷房が十分にいきわたらず、熱気がこもっています。

ここが危ない！

危険をなくすためには？

衛

生

63

**ここが危ない！**

① 室温と湿度が高い状況

② 雑然と物が置いてあり作業者が周囲の物にぶつかる

③ 汗で濡れた体で分電盤に触れて感電

④ この作業者は体調が悪く苦しそうな様子

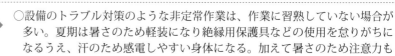

| 具体的にどうなる？ | 危険をなくすためには？ |
|---|---|
| ① 屋内で直射日光にさらされることはないかもしれないが室温、湿度の状態によっては熱中症にかかる恐れがある。 | ○室内環境として粉じん、有害物などによる汚染はないようだが、室温、湿度は高いと思われる。室内で輻射線の影響はほとんどないので、室内用の熱中症計（ＷＢＧＴ計が望ましい）を準備し、その表示に応じた作業管理を行う。空調の整備が望ましい。 |
| ② 工場内は乱雑で作業者は自身が注意していても他からの要因で転倒や衝突の危険にさらされる恐れがある。 | ○工場内は常に整理・整頓し、作業者通路を確保し、製品、未加工品などの置き場を明確にする。<br>○それぞれの物品に名札などを付加して次工程への行き場を明示しておく。 |

③ 分電盤を操作している作業者は汗をかいて体が濡れている状態で、作業している。絶縁されていない充電部に触れると感電災害の恐れがある。

○設備のトラブル対策のような非定常作業は、作業に習熟していない場合が多い。夏期は暑さのため軽装になり絶縁用保護具などの使用を怠りがちになるうえ、汗のため感電しやすい身体になる。加えて暑さのため注意力も低下しがちになる。以下は対策例。

1　できる限り作業停電を行う。分電盤の主スイッチを切断しても、そのスイッチの一次側は切れていない。分電盤への電源引き込み線の切断を確認する。

2　充電電路の取り扱いまたは充電電路に近接して作業を行う必要が生じたときは、充電電路の電圧に応じた性能を有する絶縁用保護具を着用する。

3　工事責任者が作業者に保護具、露出充電部分の絶縁覆いなどの適切な指示を行う。

4　感電防護対策などについて基準を整備し、安全な作業計画が作成される仕組みを構築する。基準の順守状況をチェックする機能、基準の見直し体制などを整備する。

5　電気工事に従事する者に対し、電気に関する安全のための特別教育を実施する。日常の安全に対する意識の高揚をはかるための定期的な安全教育も行う。

④ この作業者は体調が悪く苦しそうな様子である。

○暑熱の環境でのマスクの着用は熱中症対策の面から見ればかなり厳しい。体調不良の者は作業から外して休ませること。

---

**＜その他重要事項＞**　○その他の熱中症対策として、通気性の良い作業服、冷却機能のついた作業服の着用、熱中症に関する作業者教育、熱中症管理者の選任、緊急事態の措置の方法などを考慮する。

**＜関係法令＞**
○安衛則61条……病者の就業禁止、606条（温湿度調節）
○厚生労働省ホームページ『職場における労働衛生対策』
○電気用品安全法
○内線規程（民間自主規程）

## ● No.30　製造ラインの点検

© 労働新聞社

**状況**

製造ラインの点検作業を行っています。危なくないようにコンベヤーを低速で少しずつ動かしながら、ベルトの隙間を調整しようとしています。

**ここが危ない！**

**危険をなくすためには？**

その他

65

## ここが危ない！

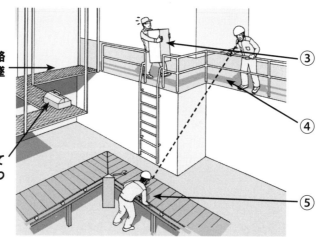

① 監視のための通路を人が歩行して墜落

② 工具箱が落下して下の作業者にぶつかる

③ 大きな荷物を持った状態で梯子を降りようとしている

④ 手すりの隙間が広く場合によっては作業者が転落

⑤ コンベアの隙間に入れた手を負傷する

---

### 具体的にどうなる？

① 2階の左側側面には1階の作業状況を観察するための通路が設置されている。一定間隔で2階天井から下げた金属棒で通路が保持されているだけで、手すりがなく、墜落の危険がある。

② 2階左側の通路上に、工具箱が放置されている。落下して、下で作業をしている者にぶつかる恐れがある。

③ 荷物を持って梯子を昇降することは落下の危険がある。

④ 2階床面の端は2段手すりとなっているので腰を下げて座り込んだ姿勢でも安全そうだが、隙間が広いため手すりと平行に倒れた場合は1階へ転落する危険がある。

⑤ 1階ではコンベヤー点検作業中の作業者が、ベルトの隙間に手をつけている。2階に居る作業者がフロアからコンベヤーの運転を中止するよう口頭で注意しているが、作業場の騒音に妨げられて、連絡が聞き取れない様子。1階の作業者は負傷する恐れがある。

### 危険をなくすためには？

○ 2階図上の左側に設置されている通路の安全対策としては、縦横の両方向に防御金網を張った保護柵の設置が望ましい。

○ 2階図の左側の通路上に放置されていた工具箱は直ちに回収するとともに、今後このような行為の禁止を教育すべきである。

○ ロープを使って下ろすか、迂回して安全な場所へ移動し、手押し車、リフトなどを用いる。

○ 2階図上の床面の端にも、①で示した床面端と同様の保護柵を設置する。

○ 場内の雑音は止むを得ない状態であるから、1階と2階の作業者間における連絡は、口頭によらず電話・電信などの設備を用いて連絡するように改善する。

---

### ＜関係法令＞

○安衛則107条（掃除等の場合の運転停止等）、540条（通路）、552条（架設通路）……手すりの高さ85cm以上、563条（作業床）
○仮設工業会『墜落防止設備等に関する技術基準』……手すりの高さ95cm以上
○建築基準法施行令126条……手すりの高さ110cm以上

## ● No.31　デスクワーク

© 労働新聞社

---

(状況)

工場に併設した事務所での事務処理作業。パソコンを使った、長時間の座り作業が多いようです。ドアの向こうからは、毎日、機械の大きな音と薬品の臭いがしています。

(ここが危ない！)

(危険をなくすためには？)

ここが危ない！

① 照明が暗く手元の照度が足りない

② 騒音が部屋内に響き集中力が落ちる

③ VDT作業による負荷がある

④ 地震などで物が落ちる

⑤ 換気設備がなく空気がこもりがち

⑥ 床上の配線につまずく

## 具体的にどうなる？ / 危険をなくすためには？

① 部屋の照明が暗く、手元の照度が足りないため、視力低下や疲労につながる。
→ ○デスクワークでは手元の照度は300Lx以上、ディスプレイ画面は500Lx以下にする。照明の位置を変え（順光）、明暗のコントラストが著しくなく、かつ、眩しくないようにする。

② 部屋の遮音対策がされておらず、騒音が聞こえている。集中力散漫。
→ ○難聴防止のガイドラインでは85dB以下であるが、デスクワークでは50dB以下程度が望ましい。遮音壁やドア、防音カーテンなどで部屋の遮音対策を実施する。

③ VDT作業を何時間も連続で行っているため、疲労や精神的圧迫感を感じる。
→ ○一連続作業は1時間程度とし、次の連続作業の間に10～15分程度の間隔（休止時間）を置く。一連続作業時間中にも適宜小休止を設けるとともに、適宜体操を行う。キーボードなどの位置は作業者によって調整できるようにすることが望ましい。また、旧ブラウン管式のCRTは廃止することが望ましい。

④ ロッカー上の荷物や机上のパソコンなどが固定されておらず、地震が発生した際に物が落ちてケガをする。
→ ○ロッカー上など不安定な場所に荷物を置かないこと。やむを得ず置く場合は、荷物を固定すること。パソコン等は机に固定する耐震パッドを使用すること。

⑤ 換気が不十分なため、隣接の工場から流れてきた有害気体や粉じんで健康を阻害する。
→ ○室内換気を十分にする。一人当たり $30m^3/h$ 程度以上の新鮮な外気を取り入れる。粉じん $0.15mg/m^3$ 以下、一酸化炭素10ppm以下、炭酸ガス1000ppm以下。その他の薬品ガス（臭気）のないこと。もちろん、禁煙。
○機械換気のない場合の窓は床面積の1/20以上とること。空調機は定期的に掃除などメンテナンスを行う。

⑥ 電気の配線を床上に寝かせており、タコ足配線になっているため、つまずきや転倒によるケガや器物損傷につながる。
→ ○床上寝かし配線は危険である。電気配線、ケーブルは、デスクの脚などの床上15～20cmの高さに設置したコンセントなどターミナルボックスから取るようにすることが望ましい。やむを得ない場所については配線カバーをかける。

---

### ＜関係法令＞

○事務所則
○令和元年7月12日・基発0712第3号『情報機器作業における労働衛生管理のためのガイドラインについて』

状況

年末の社内業務も一段落。一年溜まった汚れを落とそうとみんなで大掃除を始めました。

ここが危ない！

危険をなくすためには？

① 体が伸び切っているため
バランスを崩しやすい

② 脚立の天板上で作業し
ており足元がふらつく

③ 運搬車が脚立にぶつかっ
て作業者が転落

④ 窓枠上でバランスを崩して
転落

## 具体的にどうなる？

① 体の伸びきった状態での作業は、バランスを崩しやすく、脚立とともに転倒する。

② 脚立の天板に乗ったり、またいで踏み桟に足を掛けての作業は転倒の危険がある。

③ 台車が脚立に接触した場合に、地面に転落する大きな事故になる恐れがある。

④ 窓枠に乗って作業をしていて、窓から転落する危険がある。足元のバケツにも注意が必要。

## 危険をなくすためには？

① ○作業者の体が伸びきっているように思われるが、もう一段高い脚立を使用すれば作業姿勢に余裕ができる。照明器具の掃除も同様である。

② ○本例では高さ2m以下と思われるが、天板の十分な大きさの脚立や立ち馬を使い、天板には手すりなどを使うことが望ましい。
・脚立の天板上での作業は禁止されている。
・脚立の開止め金具の固定も確認すること。

③ ○廃棄物などの運搬作業は本例のようなものでよいが、この近くを通らないか、脚立上の作業者に声を掛けて譲り合うようにする。

④ ○窓枠に乗っての作業は転落の危険があるため踏み台を使う。
・大きな窓の場合は、大げさなようだが墜落制止用器具（命綱）を使う。
○作業周辺部はバケツなど必要な物以外は置かずなるべく広い作業空間を確保する。バケツなどの清掃用具は作業行動を考慮して置き場所を決める。
・高層ビルの窓の場合は物（清掃用具など）の落下に備えて地上に「立ち入り禁止」の縄張りなども考慮する。

## ＜その他重要事項＞

○最近は、ほとんどの企業で事務所内禁煙になっているので机の汚れはあまりない。濡れ雑巾、あるいは薄めた台所用洗剤などでの払拭程度で済むが、頑固な汚れは少量の食酢、牛乳などを用い、シンナー（有機溶剤）などは使用しない。

○大量の書類を整理するときは、油断すると手（指）を切ることがある。紙の縁は意外に鋭く、寒く乾燥している皮膚に当たる角度・方向によっては切れて痛い。しかも治りが遅いため、薬局で売っている「液体絆創膏」で接着すると良い。机の引出にある事務用の瞬間接着剤は使用しない。適宜、作業用手袋などの保護具も使用する。

○埃の多い場所の掃除では真空掃除機を使い、マスクを着用する。

○清掃作業は前屈みなど不自然な姿勢になりがちで、腰痛を引き起こす危険があるため、常に作業姿勢に注意する。この種の腰痛は休めばすぐ治るように見えるが、慢性化しやすいので注意する。

## ＜関係法令＞

○安衛則518条〜521条……作業床・要求性能墜落制止用器具、528条（脚立）